Coordenação:
Andréia Roma,
Christiane Sarate,
Poliana Landin e
Cyndia Laura Bressan

GESTÃO DE PESSOAS
A NOVA FASE DO RECURSOS HUMANOS

1ª edição

São Paulo, 2017

Copyright© 2017 by Editora Leader
Todos os direitos da primeira edição são reservados à **Editora Leader**

Diretora de projetos: Andréia Roma
Diretor executivo: Alessandro Roma
Gerente comercial: Liliana Araujo Moraes
Atendimento: Érica Ribeiro Rodrigues

Projeto gráfico e diagramação: Roberta Regato
Capa: Raul Rangel
Revisão: Miriam Franco Novaes

Dados Internacionais de Catalogação na Publicação (CIP)
Bibliotecária responsável: Aline Graziele Benitez CRB8/9922

G333	Gestão de pessoas: a nova fase dos recursos humanos / coordenação de Andréia Roma et al [...]. – 1.ed. – São Paulo: Leader, 2017.
	ISBN: 978-85-66248-69-2
	1. Recursos humanos. 2. Gestão de pessoas. 3. Administração de pessoal. I. Sarate, Christiane. II. Borges, Poliana G. Landin. III. Bressan, Cyndia. IV. Título.
	CDD 352.6

Índice para catálogo sistemático: 1. Recursos humanos 352.6

EDITORA LEADER
Rua Nuto Santana, 65, 2º andar, sala 3 - Jardim São José, São Paulo - SP
02970-000 / contato@editoraleader.com.br
(11) 3991-6136

Em nome da Editora Leader agradecemos a todos os especialistas convidados para compor com maestria o conteúdo desta obra.

Descobrimos a cada obra que realizamos que o comportamento mais recompensador é simplesmente compartilhar.

Dedicamos esta obra a todos os profissionais que levam a sério os resultados em sua carreira através de bons livros.

Desejamos também neste espaço agradecer ao IPOG - Instituto de Pós-graduação e Graduação, que é uma Instituição de Ensino Superior (IES) composta por cursos de excelência que atendem às exigências do mercado, fundamentados na valorização do ser humano, a fim de torná-lo fonte de riqueza e transformação.

Nosso muito obrigada às coordenadoras Cyndia Bressan, Poliana Landin e Christiane Sarate pelo apoio com nossos coautores convidados.

Agradecemos a vocês, leitores, que escolheram dar início a essa jornada de autoconhecimento, aprendizado e mudanças, priorizando a capacidade de investir em seu crescimento e desenvolvimento pessoal e profissional.

Um livro muda tudo!
Gratidão.

Andréia Roma
Diretora de Projetos e
Fundadora da Editora Leader

ÍNDICE

INTRODUÇÃO 7

Capítulo 1 - Adriana Gomes Andrade. 9
DESCONSTRUIR PARA CONSTRUIR UMA NOVA GESTÃO DE PESSOAS
COM OBJETIVO NA QUALIDADE DE VIDA

Capítulo 2 - Ana Claudia Barbosa 21
MAIS QUE RECURSOS HUMANOS...
VAMOS MERGULHAR NA ERA DAS CONEXÕES HUMANAS

Capítulo 3 - Ana Paula Platt 29
COACHING ORGANIZACIONAL:
CRIANDO UMA CULTURA DE ALTA PERFORMANCE

Capítulo 4 - Christiane Sarate Siqueira 41
A GESTÃO DE PESSOAS E O AMBIENTE INTERNO DAS EMPRESAS

Capítulo 5 - Cláudia de França Lima..49
COMO MAPEAR, QUESTIONAR E ANALISAR PESSOAS

Capítulo 6 - Cyndia Laura Bressan 61
COMPETÊNCIAS COM FOCO NA ENTREGA: MODELO CHAE

Capítulo 7 - Francisco Lindoval de Oliveira 73
ATRAIR E RETER TALENTOS

Capítulo 8 - Jacqueline de Sá Leitão 85
GESTÃO DE TALENTOS PARA POTENCIALIZAR A GESTÃO DO CONHECIMENTO

Capítulo 9 - Lígia Momm 97
GESTÃO DE PESSOAS COMO CENTRO DE RESULTADOS ORGANIZACIONAIS

Capítulo 10 - Luiz André Longanesi 107
A PRÁTICA TRABALHISTA PREVENTIVA NA
GESTÃO DOS RECURSOS HUMANOS

Capítulo 11 - Maraísa Lima 121
COMUNICAÇÃO QUE GERA GRANDEZA À LIDERANÇA

Capítulo 12 - Maria Luiza Marques de Abrantes 131
INDICADORES E RESULTADOS EM GESTÃO DE PESSOAS

Capítulo 13 - Poliana Landin 149
A FELICIDADE NO TRABALHO:
A PSICOLOGIA POSITIVA NO CONTEXTO ORGANIZACIONAL

Capítulo 14 - Priscila Averbug Fireman 161
A FUNÇÃO MOTIVACIONAL DO FEEDBACK NAS ORGANIZAÇÕES

Capítulo 15 - Ricardo Tóffoli 171
O PAPEL DA QUALIDADE DE VIDA NO PROCESSO DE GESTÃO DE PESSOAS

Capítulo 16 - Ronaldo Loyola 179
RECRUTAMENTO E SELEÇÃO:
ASSERTIVIDADE, GASTOS DESNECESSÁRIOS E ESTRESSE

Capítulo 17 - Víctor Costa 187
A INFLUÊNCIA POSITIVA DA LIDERANÇA NO DESENVOLVIMENTO DE UMA EQUIPE

INTRODUÇÃO

A área de Recursos Humanos deixou de ser um Departamento Pessoal para se tornar peça-chave para a realização de metas dentro de uma organização. Há pouco tempo, esse departamento atuava de forma mecânica, e o chefe tinha uma visão do empregado sobre a obediência, execução de tarefas e o controle centralizado. O cenário começou a mudar, empregados se tornam colaboradores e o chefe começa a atuar como um gestor.

A visão mecanista passa a não existir mais, tomando-se uma postura mais humana, deixando de lado a visão mecanicista, sistemática, metódica, sinônimo de controle, tarefa e obediência. A gestão de pessoas visa a valorização dos profissionais e do ser humano, diferentemente do setor de Recursos Humanos, que visa a técnica e o mecanicismo do profissional. Esta obra apresenta teorias e conceitos práticos, abordando cases de estudiosos da área, convidando o leitor a ter ideias inovadoras através das conexões humanas.

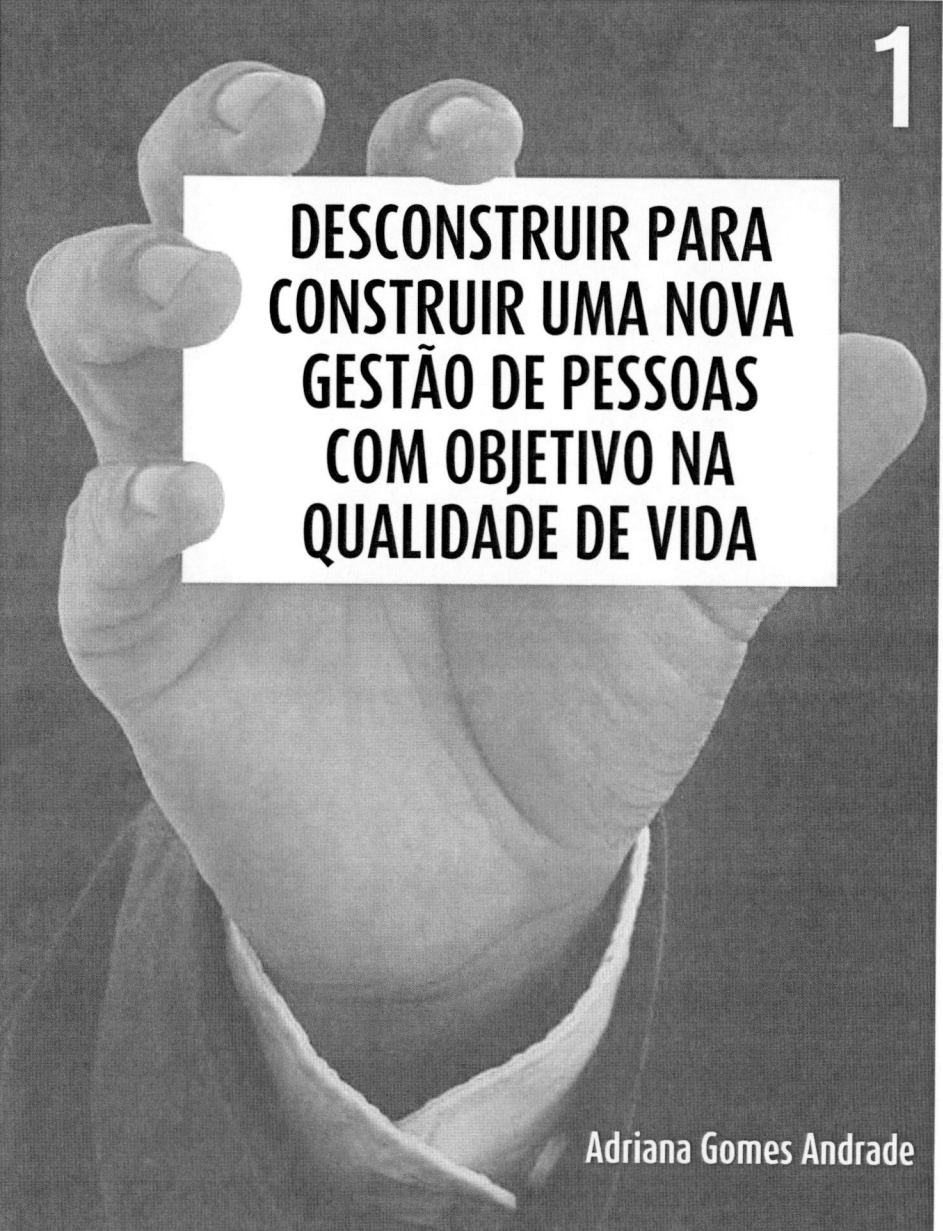

1
DESCONSTRUIR PARA CONSTRUIR UMA NOVA GESTÃO DE PESSOAS COM OBJETIVO NA QUALIDADE DE VIDA

Adriana Gomes Andrade

Adriana Gomes Andrade

Bacharel em Serviço Social; pós-graduação / especialização MBA Gestão de Instituição, Programas e Projetos Sociais.
Professora (tutora) em Serviço Social; assistente social - Secretaria de Assistência Social - Prefeitura de São João de Meriti; experiência como atuante de profissional de Serviço Social em RH - Gestão de Pessoas.

(21) 3427-6471 / (21) 96826-7498
agomes@furnas.com.br

Construindo uma nova Gestão de Pessoas

Com foco na construção de uma nova gestão de pessoas, antiga gestão em Recursos Humanos, é preciso compreender a importância, o fazer profissional no campo de empresas produtoras privadas, empresas de serviços mistos e empresas de serviços públicos, tendo como sujeito os assistentes sociais inseridos neste processo. É possível ressaltar a prática profissional dos assistentes sociais que atuam em empresas e/ou organizações para identificar, destacar, planejar de acordo com os impactos causados pelas inovações no exercício profissional e nas demandas impostas por estas organizações.

O assistente social, pelo reconhecimento de seu trabalho integrativo, é requisitado para atuar na área de RH para satisfazer "necessidades humanas", contribuindo para a formação da sociabilidade do trabalhador de modo a colaborar na constituição de um comportamento produtivo compatível com as atuais exigências das empresas. Essas exigências sugerem que o Serviço Social é considerado pelas empresas como instrumento promotor da adesão do trabalhador às novas necessidades destas. Para tanto, refuncionalizam suas demandas profissionais sob o manto da inovação e da modernidade. (Cesar, 1998, p 126)

Considerando, podemos perceber os impactos das inovações nas diversidades de demandas que frequentemente vão além do espaço institucional; o profissional de assistência social tem exercido funções como a de assessoramento aos gestores da empresa.

Assim, os assistentes sociais permanecem realizando atividades tradicionalmente impostas nas organizações, portanto, estas ações vêm pautadas nas novas leituras de gerenciamento de pessoal, pois esses profissionais não têm se mostrado desvinculados da área de Recursos Humanos. Sob as novas mudanças, determinações econômicas e sociais, se configuram as demandas tratadas atualmente pelos assistentes sociais no âmbito da empresa. A interferência das necessidades, que sofrem a força de trabalho, e enquanto profissão o assistente social vem se desenvolvendo através das práticas ligadas às questões sociais, buscando alternativas e estratégias para redefinir e integrar as políticas de Gestão de Pessoas/Recursos Humanos.

Minha hipótese de trabalho é a de que, nos anos 90, as requisições feitas ao assistente social passaram a ser mediadas por novas formas de controle da força de trabalho, exigindo a formulação de estratégias de atuação que se definem, também, em função das modificações de trabalho dos profissionais. (Cesar, 1998, p. 115).

Segundo Cesar (1998), o exercício do profissional de Serviço Social em empresas exige dele o desenvolvimento de algumas características básicas, como:

• Ter competência para que as atividades executadas por esses profissionais sejam feitas da melhor forma possível, com exatidão e agilidade.

• Trabalhar com cooperação para que sua equipe de trabalho obtenha êxito, com responsabilidade para com as metas da empresa.

• Ter conhecimento para que não deixe sem resposta quem vier buscar informações. Para isso, o profissional de Serviço Social tem de dominar as políticas da empresa, bem como conhecer a rotina dos empregados para que possa responder as perguntas que surgirem de forma coerente.

• Manter um ambiente agradável, positivo, de forma que os usuários ao procurarem o Serviço Social sintam-se acolhidos, onde a comunicação é feita de forma horizontal, fluente e clara.

É necessário comprometimento, responsabilidade, sensibilidade para uma percepção da realidade do usuário para que com a criatividade se construam estratégias para uma atuação eficaz. O objetivo é proporcionar ao empregado valorização profissional, bem-estar em um ambiente que lhe possa transmitir segurança e certamente qualidade de vida no trabalho que perpasse a sua vida secular.

É importante desconstruir uma visão técnica tradicional considerando as políticas de RH, e construir um olhar técnico de acessibilidade aos usuários, aos nossos clientes, sendo nosso maior motivador, nossa maior ferramenta no exercício da profissão a "ferramenta humana", sendo esta atendida com o devido cuidado. Esse cuidado é expresso através da valorização.

O Serviço Social e a Gestão de Pessoas

Como deve ser o ambiente favorável para o bom desenvolvimento do profissional na Gestão de Pessoas?

O ambiente deve priorizar:

• Valorização.

- Satisfação.
- Acolhimento.
- Respeito.
- Relacionamento adequado.

É um constante desafio construir e prestar atendimento com o objetivo da qualidade de vida do empregado com visão em equipe alinhada à Gestão de Pessoas. Neste desafio, nesta caminhada de assistente social em assessoria a Gestão de Pessoas é fundamental renovar o olhar ao empregado; ele é o "nosso cliente", e o cliente atendemos com o foco em sua satisfação, sabemos que um cliente atendido de maneira que suas questões sejam resolvidas tem segurança em nosso trabalho e sempre retorna. Sendo este olhar de empregado "cliente" uma importante estratégia para exercer uma liderança eficaz e uma Gestão de Pessoas com sucesso.

Mudanças e Enfrentamentos nas transformações no mundo do trabalho

Observando as competências impostas pelas exigências de transformações no mundo do trabalho e com objetivo na garantia de direitos, o assistente social respaldado no projeto ético-político profissional vem gradativamente ampliando seu espaço de atuação abrangendo seu exercício profissional no âmbito das empresas.

Com o avanço tecnológico, a globalização, a reestruturação produtiva e as constantes transformações que influenciam diretamente nas relações sociais, relações de trabalho e na economia surge a necessidade do equilíbrio e o profissional que atue nas relações e que acompanhe o processo de transformação e o Serviço Social é o adequado para a atuação.

O Serviço Social destaca-se por sua forma expressiva em sua participação nas relações de trabalho. A importância do trabalho do assistente social se dá a partir da ampliação do capital e com o surgimento de necessidades sociais, que envolvem as condições do trabalho, os direitos, deveres e compromisso do empregado versus a empresa. É o assistente social o grande mediador para essas questões.

A empresa possui o olhar no assistente social como organizador nas relações que envolvem pessoas, com o objetivo de qualidade de vida no trabalho, bem-estar, segurança, com a garantia também de seus interesses capitalistas.

A preocupação com os empregados e familiares (dependentes), mesmo com o foco na produtividade, traz benefícios, bem como a abordagem humanística da administração. Considerando a Teoria das Relações Humanas, avalia-se que as características pessoais influenciam no ambiente de trabalho, bem como as relações inseridas nas organizações devem receber cuidados; o objetivo é que as funções sejam desempenhadas com motivação, tranquilidade e qualidade. Outro ponto significativo são as relações dos grupos sociais dentro da organização que possuem regras e direitos.

A abordagem humanística da administração foi a primeira teoria administrativa a observar com um olhar atento as prioridades e características dos empregados, considerando e valorizando as características pessoais, humanas, fatores sociais, psicológicos e motivacionais que fazem toda a diferença no desenvolvimento do trabalho.

Baseando-se no Código Internacional de Ética para os Profissionais de Saúde no Trabalho – 3ª edição/2014

Segundo o que nos informa o CIE para os profissionais de saúde no trabalho, podemos observar o quanto é importante profissionais capacitados envolvidos com o objetivo no bem-estar, na qualidade de vida do empregado. Um empregado que é cuidado, consequentemente, estará produzindo com sucesso.

As práticas de saúde no trabalho devem ser adequadas aos objetivos da mesma que foram definidos pela OIT (Organização Internacional do Trabalho) e pela OMS (Organização Mundial da Saúde), em 1950, atualizados em 1995, pelo comitê misto OIT/OMS, e que tem a seguinte expressão:

> "... O principal foco da saúde no trabalho deve estar direcionado para três objetivos: manutenção e promoção da saúde dos trabalhadores e de sua capacidade de trabalho, o melhoramento das condições de trabalho, para que elas sejam compatíveis com a saúde e a segurança; o desenvolvimento de culturas empresariais e de organização de trabalho que contribuem com a saúde, segurança e promovam um clima social positivo, favorecendo a melhoria da produtividade das empresas. O conceito de cultura empresarial, nesse contexto, refere-se a sistemas de valores ado-

tados por uma empresa específica. Na prática, ele se reflete nos sistemas e métodos de gestão nas políticas de pessoal, participação, capacitação/treinamento e na gestão de qualidade..."

O importante é o bem-estar físico, mental e social dos trabalhadores. O assistente social é um profissional que atua na saúde do empregado com o objetivo de promover um ambiente seguro e saudável, proteger seu acesso à liberdade no trabalho, prover orientações e atribuições afins, fundamentados em suas competências e na saúde ética, com objetivo no bem-estar individual e coletivo dos empregados.

O profissional de Serviço Social deve contribuir para a saúde do trabalhador promovendo processos de implementação de atividades, avaliação, orientação, desempenhando um papel de aconselhamento; como trabalho preventivo de riscos ocupacionais decorrentes das atividades do trabalho; ser mediador nos conflitos.

Ainda fundamentado no Código Internacional da Ética para os profissionais de saúde no trabalho, para executar suas funções de Saúde no Trabalho devem desenvolver a competência, a integridade e a imparcialidade.

Com objetivo de construir uma relação de confiança com os empregados deve-se atentar para que não venha comprometer a confiança em sua integridade e imparcialidade, estabelecendo assim uma comunicação transparente de confidência aos dados pessoais com o propósito de uma intervenção que venha a contribuir positivamente para o empregado, proporcionando segurança emocional e social no âmbito do trabalho.

Capital humano, o mais valioso

DRUCK (1999, P.55) destaca este fato:

> Na perspectiva gerencial, transformar cada empregado em um parceiro, que interiorize as metas e objetivos da empresa, concentrando esforços no aperfeiçoamento do trabalho, buscando maior produtividade, racionalidade e redução de custos, a fim de que contribua para a sobrevivência da empresa no mercado, é um desafio que tem assumido em muitos casos a forma de ameaça aos trabalhadores. De fato, já eles precisam preservar seus empregos, não lhes resta alternativa a não ser "cooperar" e se "envolver".

O interesse na produtividade da empresa gera um ambiente de integração e preocupação com a saúde do trabalhador, e com sua satisfação no âmbito do trabalho, com isso os assistentes sociais vêm conquistando o espaço para atuação nessas relações. O Serviço Social surge nas empresas com objetivo de atuar em construção de estratégias, pesquisas buscando assessorar sobre a melhoria na qualidade, com a responsabilidade de proporcionar um clima de trabalho favorável aos empregados, atingindo assim a produtividade, logo, a finalidade da empresa.

Competências do assistente social na empresa

O Serviço Social conduz suas atribuições de acordo com as demandas que vão surgindo, pois não existe uma especificidade; temos flexibilidade em atuar dentro do que é atribuição do assistente social. Esse profissional precisa ter o perfil adequado e desenvolver competências de maneira que atenda a necessidade de promover, assessorar, avaliar as políticas que estabelecem a Gestão de Pessoas.

O assistente social na maioria das vezes trabalha implementando projetos e programas visando o progresso no clima organizacional, é o profissional que visa o bem-estar no coletivo, estará onde for necessário, mesmo quando atender o individual, pois se entende que este indivíduo está inserido no contexto social, logo, o coletivo será tratado.

Algumas competências do assistente social no processo da Gestão de Pessoas:
- Clima organizacional.
- Dependência química.
- Reintegração funcional.
- Integração de empregados.
- Motivação e relações sociais no trabalho.
- Prevenção de acidentes.
- Pré-aposentadoria.
- Dificuldades físicas e sensoriais.
- Orientação e acompanhamento quanto à previdência.
- Prestar assessoramento à gerência.

Contudo, é importante destacar que existem atividades desenvolvidas pelo assistente social na empresa que dependem, ou seja, são relacionadas à realidade vivenciada pela empresa no momento, este fator, sim, influencia diretamente no trabalho do assistente social.

Os profissionais de Serviço Social estão inseridos em equipe, atuando também em equipe interdisciplinar e multidisciplinar dependendo do caso e da necessidade para atuação dos profissionais, como: médico do trabalho, enfermeiro do trabalho, nutricionista, profissionais de educação física, psicólogos, assistentes sociais, sendo este o grupo mais comum.

Assistente social, o mediador

O assistente social atua também como mediador; com o foco no equilíbrio interno e externo para satisfação do Empregado e Empregador, considerando que as questões sociais são inerentes do viver, das experiências, da realidade, da forma que o indivíduo lida consigo e com o social. Nessa busca pelo equilíbrio interno e externo, o assistente social serve de mediador entre as partes; as empresas expressam com isso preocupação com o empregado com objetivo na garantia aos interesses próprios da empresa, sendo o assistente social o profissional que atua com os empregados promovendo a satisfação, o bem-estar no trabalho. Nesse sentido, avalia o processo e a instrumentalização das ações com o objetivo de implementar e avaliar a qualidade de vida no trabalho.

Como salienta Iamamoto (2001):

> O exercício da profissão na contemporaneidade requer ação de um profissional competente para propor, para negociar com a instituição e seus projetos, para defender seu campo de trabalho, suas qualificações e funções profissionais, "requer, pois, ir além das rotinas institucionais e buscar apreender o movimento da realidade para detectar tendências e possibilidades nela presentes passíveis de serem impulsionadas pelo profissional".

Assim o assistente social usará de sua criatividade, suas habilidades e capacidade de promover, interceder e orientar o atendimento sócio-assistencial da empresa, sendo esta uma estratégia de atenção aos interesses do trabalhador por mais que esta ação resulte na satisfação dos interesses do empregador (empresa), logo, entende-se que a realização de um complementa-se pela realização do outro. Nesse sentido a empresa mantém sua preocupação com o empregado, usando o profissional de Serviço Social para gerenciar serviços sociais oferecidos na empresa, junto com as relações sociais e interpessoais, articulando estratégias e possibilitando assim a qualidade de vida no trabalho.

Gestão de Pessoas com objetivo da qualidade de vida

O Serviço Social alinhado à Gestão de Pessoas trabalha buscando atender as necessidades corporativa e organizacional, portanto, a implementação da qualidade de vida tem como objetivo atender o bem-estar no coletivo da força de trabalho, visando atuação preventiva na segurança, na saúde física, emocional e social.

> Qualidade de Vida no Trabalho tem como objetivo principal a busca do equilíbrio psíquico, físico e social dos empregados, dentro do contexto organizacional, considerando as pessoas como seres integrados nessas três dimensões, através de ações que refletem em um aumento na produtividade e na melhoria da imagem da empresa tanto no contexto interno como externamente, levando a um crescimento pessoal e organizacional. (Arellano, 2003).

O assistente social como mediador e profissional capacitado para desempenhar a função precisa ser criativo e construir estratégias e ações para atuar em uma dinâmica de possibilidades que venham a atender a necessidade do empregado. Deve-se ter a preocupação de tornar o ambiente de trabalho acolhedor, participativo, receptivo, com bons relacionamentos, não opressivo, cooperativo, prazeroso em todos os âmbitos. É reconhecer que um empregado que exerce suas atribuições com satisfação e motivação, consequentemente, desenvolve uma melhor produção, é eficiente. A qualidade de vida no trabalho influencia diretamente no comportamento do empregado, tornando-o um empregado saudável.

Alguns fatores que promovem a qualidade de vida no trabalho:

1- Benefícios auferidos.
2- Relacionamento humano dentro do grupo e na organização.
3- O ambiente psicológico, físico e social do trabalho.
4- A liberdade e responsabilidade de decisão.
5- Possibilidades de participação.
6- O salário percebido.
7- Reconhecimento de resultados alcançados.
8- As possibilidades de futuro na organização.
9- Satisfação no trabalho executado.
10- Possibilitar satisfação e saúde.

VALORIZAÇÃO na qualidade de vida

A valorização profissional é um dos maiores investimentos organizacionais. A valorização do empregado através do reconhecimento pelos esforços, treinamentos que podem possibilitar um conhecimento, ações destinadas à satisfação do empregado, todos esses fatores geram um ambiente de segurança e confiança. O trabalho não deve ser visto como um mero meio de sobrevivência, mas um ambiente onde sentimentos, diversidades, particularidades, motivação e qualidade de vida são respeitados e priorizados na organização. Um empregado valorizado é feliz.

> A valorização humana na empresa importa na consideração da plenitude de realização do homem, cujos referenciais para nós são os quatro polos existenciais: fé, amor, trabalho e lazer. Esses são os fundamentos de uma política de valorização do ser humano no trabalho, que compreende, em uma visão integrada, as funções clássicas de recrutamento, seleção, treinamento, desenvolvimento gerencial, benefícios, cargos e salários, avaliação de desempenho, promoção, sucessão e comunicação interna. (Matos, 1997, p. 17).

Atuando há algum tempo em Gestão de Pessoas como profissional de Serviço Social, descobri que a atuação é uma constante pesquisa, todo dia é tudo novo, é outra demanda, outra necessidade, porque o indivíduo sempre traz algo novo com ele e você, na qualidade de profissional, é um ouvinte permanente de seus conflitos externos e internos, questionamentos, satisfação, insatisfação... enfim, estejamos saudáveis para CUIDAR todo o tempo do outro, pois no seu íntimo é isso que ele espera do assistente social. O cuidado é fascinante, requer boas energias, amor, fé, e vem recheado de sentimentos e ações que completam o indivíduo, nos faz exercer o ser humano melhor que existe em nós e nessa caminhada o assistente social vai aperfeiçoando o ser humano que existe dentro de si... profissão mágica.

REFERÊNCIAS BIBLIOGRÁFICAS

CESAR, Mônica de Jesus. Serviço Social e reestruturação industrial: requisições, competências e condições de trabalho profissional. In: MOTA, Ana Elizabete (org.). A nova fábrica de consensos. São Paulo: Cortez, 1998. P. 115-148.

DRUCKER, Peter Ferdinand. Administrando para o futuro: os anos 90 e a virada do século. 5ª ed. São Paulo: Pioneira, 1996.

NETO, José Paulo. Capitalismo monopolista e Serviço Social. 2ª ed. São Paulo: Cortez, 1996.

Código Internacional de Ética para os Profissionais de Saúde no Trabalho – 3ª edição, 2014.

MATOS, F.G. Fator QF – Ciclo de felicidade no trabalho. São Paulo: Makson Books, 1997.

IAMAMOTO, Marilda Vilela. O Serviço Social na Contemporaneidade: trabalho e formação profissional – 5ª ed. São Paulo: Editora Cortez, 2001.

ARELLANO, E. B. Qualidade de Vida no Trabalho: Como a nutrição está inserida nos Programas de QVT. Dissertação para obtenção de grau de mestre, FCF/FEA/FSP/USP, 2003.

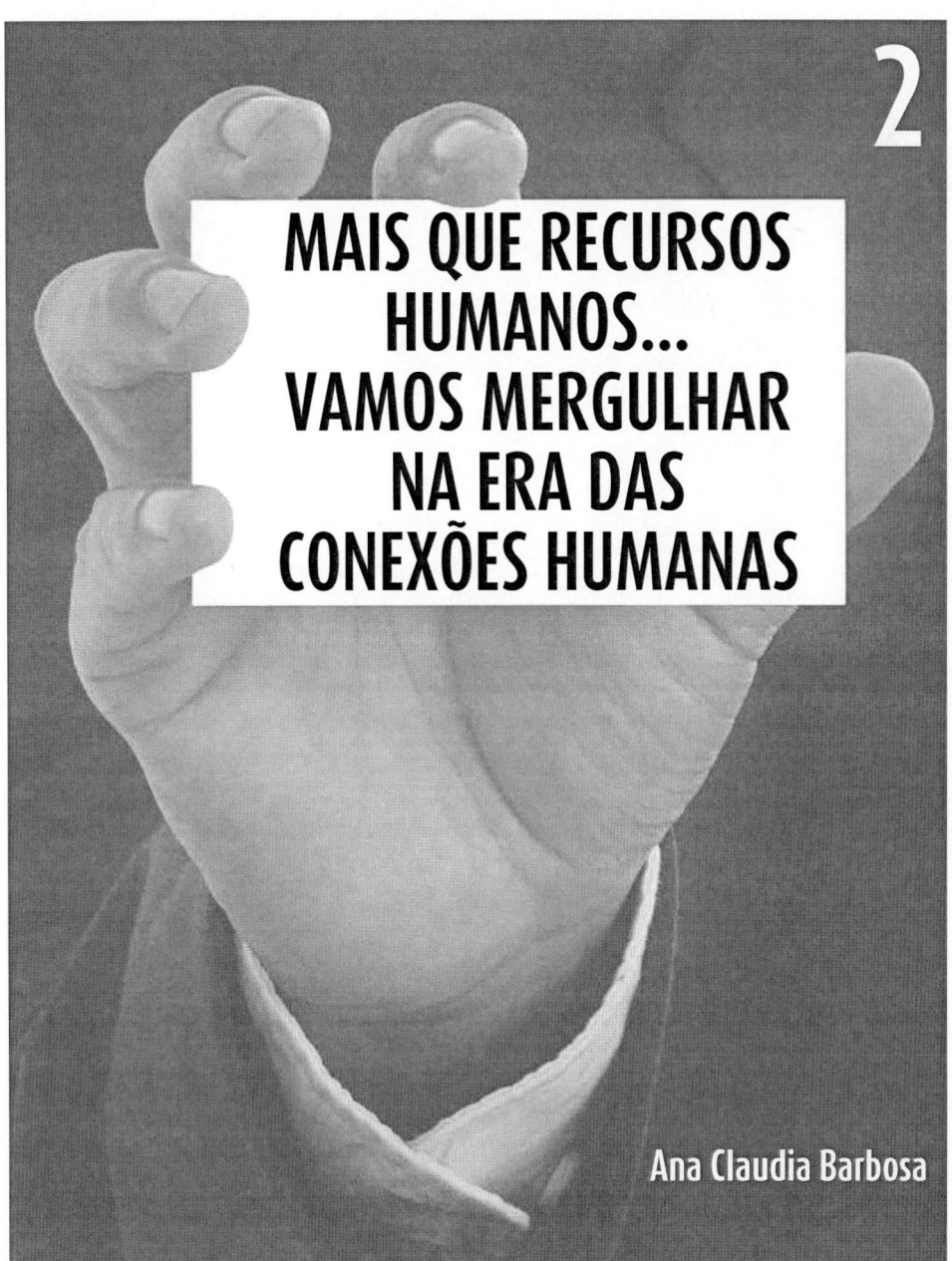

Ana Claudia Barbosa

Apaixonada pelo desenvolvimento do potencial humano com o propósito de conectar pessoas e negócios. Educadora, gestora e consultora na QUO TALENTOS focada no crescimento de líderes e equipes, e no desenvolvimento da cultura para inclusão profissional de pessoas com deficiência. Graduada em Direito e pós-graduada em Gestão de Negócios, Direito Empresarial e Gestão de Pessoas com ênfase na liderança organizacional. Líder de Alto Valor pela Metanoia Propósito nos negócios. *Coach* de carreira e liderança para viver valores e essência no trabalho. Docente em curso sobre desenvolvimento de equipes. Coautora nas obras "Coaching de Liderança" e "Liderança e Espiritualidade" da Editora Leader.

(47) 99905-0902
anaclaudia@quotalentos.com.br
www.quotalentos.com.br

Emprega-se a palavra "era" para definir períodos de tempos marcantes. É o que acontece, por exemplo, com as etapas geológicas da Terra, uma delas conhecida como Era Mesozoica. A transição de uma era para outra acontece a partir de vários fatos que vão modificando a sociedade.

Além das etapas geológicas, outros períodos também foram importantes e nomeados, como a Era Industrial e a Era do Conhecimento. Esta última surgiu com a necessidade de repensar três dimensões fundamentais no âmbito empresarial: a infraestrutura da organização, o perfil das pessoas que a compõem e a tecnologia utilizada.

E, se a ideia é repensar, por que não começarmos esta reflexão pelo tão conhecido Recursos Humanos ou simplesmente RH?

Quando as pessoas são perguntadas sobre o que é Recursos Humanos, as respostas são muito próximas de um conceito baseado num sistema ou departamento que rege as relações entre os colaboradores e a empresa. Reconhecem o RH como uma associação de métodos, políticas e técnicas com a finalidade de administrar, gerir e nortear os colaboradores aos objetivos da organização.

E é exatamente assim que as pessoas são valorizadas dentro das empresas, apenas como recursos. Vamos entender o que é isso. Recurso é um elemento utilizado para alcançar um determinado fim. Algo estático, um objeto.

Algumas instituições, percebendo isso, passaram a chamar seus departamentos de Relações Humanas, Gestão com Pessoas, Gente & Gestão, Talentos Humanos, e por aí vai.

Mas a reflexão que trago aqui vai além da nomenclatura dada às áreas institucionais. Está no cerne do que entendemos como Recursos Humanos, ou seja, me refiro à transformação além dos nomes. Humanos muito mais do que recursos. Humanos muito mais do que mão de obra para atingir os objetivos da empresa.

Como já expressei na obra "Liderança e Espiritualidade", também da Editora Leader: "O ser humano deseja conectar o seu propósito com o propósito do negócio, e, ainda, ter a satisfação de produzir e entregar tudo aquilo que é conectado com suas competências, dons e talentos. Tudo isso vem fortalecer a maneira como a pessoa se coloca no mundo e sobre qual legado quer construir".

O foco é no humano e não nos recursos.

A era do recurso das conexões humanas vem somar na Era do Conhecimento a importância de tudo que está à volta do ser. Tudo está ligado e conectado de alguma maneira. Não podemos tratar o indivíduo de forma fragmentada, sem considerar suas relações, seus valores e suas vivências.

As conexões estão presentes no mundo globalizado, onde fazer parte é o lema principal. Tornaram-se essenciais para integrar pessoas, informações, natureza, negócios, valores, crenças, interesses, culturas.

Quando pensamos no cliente, pensamos nele de forma sistêmica, na qual podemos incluir sua necessidade, expectativa, desejo, forma de receber o serviço ou produto, sua satisfação e seu retorno. É necessário pensar em todas as pontas como uma rede.

Por este motivo se fala tanto da Gestão Participativa, que traz um modelo mental mais amplo sobre a forma de se relacionar. Os colaboradores antes tratados apenas como meio para alcançar metas agora são valorizados como um ser que pensa, sente e cria. As consequências desta gestão são o crescimento e o desenvolvimento de todos, e não apenas da organização, como praticados nos modelos tradicionais e sem conexões.

Neste mesmo contexto já se percebe o movimento de uma sociedade compartilhada e conectada.

Um pouco mais de nós

As pessoas, na era das conexões humanas, são muito mais do que a empresa vê. É fácil listar aqui alguns pontos de ligação do indivíduo, que precisam ser considerados no âmbito organizacional:
- Identidade
- Expectativa de vida
- Relações
- Valores
- Cultura
- Sentimentos
- Legado
- Habilidades e potenciais
- Experiências
- Forças e fraquezas.

É necessário assumir também que cada pessoa possui na sua essência um conjunto diferente destes pontos de ligação, que precisam ser observados e considerados.

Agora faz mais sentido a abordagem de Gestão de Pessoas considerando os princípios inerentes à complexidade do ser humano e todas as suas conexões. O fator principal para o sucesso nas empresas é conectar seus objetivos e essência com os objetivos e essência das pessoas.

Abrir um espaço para as conexões do ser humano é estabelecer uma gestão mais inovadora, e é necessário estar preparado para estas inovações. Será que as empresas estão preparadas?

Esta abertura gera mais opiniões, mais criatividade, mais participação, mais envolvimento, mais questionamentos, e, com isso, a necessidade de eliminar os modelos autocráticos de gestão. Pois, lembrem-se, as pessoas deixaram de ser apenas recursos. Não executam mais as tarefas sem algum significado ou objetivo comum.

Antes mesmo de iniciar qualquer processo de conexão, necessário se faz descobrir quais são os pontos de ligação da própria empresa.

1. Quais são os valores cultivados na empresa? Como se percebe estes valores na prática?

2. Que tipo de relações se quer cultivar?

3. Que legado a empresa quer construir?

4. Qual é a visão de futuro e o que é necessário fazer para chegar lá?

5. Quais conexões se notam entre a cultura organizacional e as pessoas que se relacionam com a empresa?

6. Qual é a mudança que gostaria de ver na organização?

7. Atualmente, quais são os maiores desafios?

Além, porém aqui... como conectar os valores

Vivemos diariamente os nossos valores. Em toda e qualquer interação, direta ou indiretamente colocamos nossos valores em prática. E como se percebem esses valores? Por meio das nossas condutas, dos nossos comportamentos.

As condutas conectam a abstração dos valores e a concretude das ações. As condutas é que traduzem, ou trazem para a prática, a essência de cada um, invisível a olho nu.

No ambiente organizacional as condutas são importantes, pois são comportamentos desejados das pessoas da equipe, e de todos que interagem, à luz dos valores da empresa. É desta maneira que clientes, fornecedores, sócios, investidores, comunidade e os próprios colaboradores percebem os valores da instituição e qual legado ela quer deixar.

Uma vez esclarecida a necessidade de conexão entre os valores nesta nova era, vamos descobrir qual é a forma para obter esta construção. Apresento uma sugestão que poderá ser seguida ou não, pois o mais importante é analisar o modelo mais indicado para cada empresa.

O primeiro passo é construir a Carta de Valores da organização. Dependendo do número de pessoas, a Carta de Valores pode ser construída em etapas. O ideal é que todas as pessoas envolvidas diretamente com a organização participem deste processo.

A proposta é que, em grupo, as pessoas escolham um único valor que o represente. O consenso deverá ser muito bem trabalhado para que o grupo escolha o seu valor. A pergunta-chave para iniciar a discussão no grupo é: "Do que eu não abro mão?" A partir da resposta se obterá o valor de cada componente do grupo, e que em consenso deverá chegar a um único valor.

O representante de cada grupo, com o seu valor alinhado em consenso, participará de um novo grupo, agora maior e mais representativo, para que discutam seus valores e também em consenso cheguem a um único valor.

De acordo com o número de pessoas, este processo pode levar dias, pois a ideia é que os valores sejam discutidos e construídos de forma micro, para depois serem discutidos e construídos de forma macro.

De três a quatro valores, é considerado suficiente para representar a Carta de Valores da organização.

Após este processo se faz necessário criar as condutas, seja por equipes, setores, processos ou regiões. As condutas é que farão todos os envolvidos vivenciarem os valores no dia a dia. Exemplo: o valor "respeito" faz parte da Carta de Valores de uma organização, e a conduta que será praticada para esse valor será "não chegar atrasado às reuniões e também desligar os celulares". Assim que a conduta estiver incorporada por todos, a mesma deverá ser revisitada e alterada.

As condutas também poderão ser vinculadas ao comportamento com o cliente ou fornecedor, seja na entrega do serviço ou produto, ou na forma como atender o telefone, ou na forma como recepcioná-lo, e assim por diante.

Com a construção da Carta de Valores da empresa fica muito mais fácil identificar os valores de cada colaborador e fazer a conexão necessária. Se os valores não são compatíveis, naturalmente essa relação será repensada, só que de forma verdadeira, transparente e sem culpa. Afinal de contas, os valores foram relevados, e representam a essência de cada um.

É preciso ouvir com outros olhos

Ouvir é uma capacidade que nos permite obter informações. É a excelente ferramenta para gerar as conexões necessárias. A escuta ativa e genuína está relacionada com a capacidade de querer compreender o outro. Para tanto é exigido empatia, atenção, disponibilidade, paciência e interesse.

Ter diferentes pontos de vista sobre o mesmo tema nos leva a refletir sobre soluções criativas e inovadoras, e com isso as conexões se tornam mais eficazes.

Humanizar as relações não é apenas dar vazão ao que as pessoas querem falar, como se tivesse um púlpito disponível com um microfone e uma plateia numerosa pronta para ouvir. É preciso ouvir com outros olhos. É preciso despertar a consciência. É preciso identificar o quê e como precisa ser construído e conectado.

Além da escuta ativa é muito importante que se observem comportamentos e ações, para que se possa conquistar o que existe de melhor em cada pessoa.

O que se ganha com as conexões humanas nas organizações?

Já refletimos até aqui sobre a importância de focar no humano como um ser que pensa, sente e cria, e não como um meio de recursos apenas. Já sabemos que por meio da escuta, da participação, da observação, da orientação é que conseguimos alcançar as conexões humanas. Mas ainda assim fica uma dúvida, não é? O que a empresa ganha com tudo isso?

Ganha qualidade de diálogo e, por consequência, qualidade nas relações. Ganha consciência e maturidade para lidar com os conflitos, que são necessários para o nosso crescimento e evolução. Ganha espaço para a criatividade e inovação, e com isso processos mais ágeis e menos burocráticos. Ganha cliente satisfeito, pois as entregas são realizadas com significado e comprometimento. Ganha tempo livre para construir coisas novas. Ganha qualidade de vida, motivação e satisfação.

E será que tudo é suficiente para a empresa gerar ótimos resultados? Mais do que resultados financeiros, resultados excelentes para todas as pontas. É o que chamamos de resultados prósperos ou verdadeiramente sustentáveis, pois é resultado para todo o ciclo que alimenta a cadeia que interage com o negócio.

Toda essa conexão ainda gera aprendizado. Torna-se uma empresa que aprende, pois, como já expressava Leonardo da Vinci, "aprender é a única coisa de que a mente nunca se cansa, nunca tem medo e nunca se arrepende".

As conexões no mundo já começaram com as redes sociais, com a inclusão e a diversidade, com o avanço tecnológico, com a sociedade compartilhada, trabalho compartilhado, produções compartilhadas, espiritualidade mais presente, e assim por diante.

Então o que você está esperando para entrar para a era do resultado das conexões humanas e transformar a sua empresa?

Ana Paula Platt

Atua com Coaching, Mentoring e Consultoria em Gestão de Talentos, Carreira e Negócios. Palestrante e *trainer* nas áreas de desenvolvimento de talentos humanos, liderança e planejamento de carreira. Mestre em Administração de Empresas com ênfase em planejamento estratégico e avaliação de desempenho. Possui formação internacional em Coaching Integrado pelo ICI e Mentoring pelo Instituto Holos. Especialista em Neurociência aplicada ao Coaching. Certificada em metodologia Disc – Etalent e Coaching e Consultoria de Talentos pela Passion and Talents.

www.diamondcoaching.com.br
anapaulaplatt@diamondcoaching.com.br

Desde o primeiro curso que fiz sobre Coaching percebi que ainda existem no mercado muitas dúvidas sobre o que é o processo e principalmente sobre as formas de aplicação no ambiente empresarial. Essas dúvidas muitas vezes impedem as pessoas de usufruírem dos verdadeiros benefícios que essa metodologia pode proporcionar para melhoria dos resultados organizacionais e nível de satisfação pessoal do colaborador.

De acordo com Andreia Lages e Joseph O'Connor (2011, p. 5): "Coaching tem por finalidade liberar o potencial de uma pessoa com o intuito de maximizar o seu desempenho". E maximização de desempenho dos funcionários é tudo o que as empresas sempre buscaram para melhorar a performance dos seus negócios.

O que está mudando, no entanto, é a gradativa conscientização de líderes e empresários quanto à importância de atualizarem os seus modelos de gestão de pessoas para estarem aptos a encarar as mudanças exigidas pela globalização.

Em época de mercado emergente, no qual a demanda pelo produto é alta, é possível que líderes ineficientes passem despercebidos, pois as empresas crescem simplesmente por existir. Mas, com o crescimento da concorrência, apenas o líder mais efetivo se sobressai. E quem deve ser o líder de qualidade para os dias de hoje? Aquele que entende o potencial de seus liderados e reconhece o seu papel no desenvolvimento destes.

Coaching e sua origem

Um *mix* de recursos que utiliza técnicas, ferramentas e conhecimentos de diversas ciências como a gestão estratégica e de pessoas, Psicologia, Neurociência, entre outras, visando a conquista de grandes e efetivos resultados em qualquer contexto, seja pessoal, profissional, social, familiar, espiritual ou financeiro. Trata-se de um processo que produz mudanças positivas e duradouras em um curto espaço de tempo de forma efetiva e acelerada. Coaching significa tirar um indivíduo de seu estado atual e levá-lo ao estado desejado de forma rápida e satisfatória. O processo de Coaching é uma oportunidade de visualização clara dos pontos individuais, de aumento da autoconfiança, de quebrar barreiras de limitação, para que as pessoas possam conhecer e atingir seu potencial máximo e alcançar suas metas de forma objetiva e, principalmente, assertiva.

Conduzido de maneira confidencial, o processo de Coaching é realizado por meio de sessões nas quais o profissional chamado *coach* tem a função de estimular, apoiar e despertar em seu cliente, também conhecido como *coachee*, o seu potencial para que este conquiste tudo o que deseja.

A origem dessa metodologia fascinante não está muito clara, pois não encontramos muitas publicações que versem sobre seu marco inicial. Existem fortes indícios de que o Coaching tenha surgido por volta de 1974 primeiramente no mundo dos esportes. Thimoty Galwey, considerado por muitos o pai do Coaching, revolucionou os métodos de treinamento de tênis ao considerar que todos nós possuímos dois jogadores internos, um representado por nosso potencial e outro que interfere negativamente em nosso desempenho, pois atua criticando e duvidando do que realmente somos capazes de realizar.

Após fazer sucesso com seu novo método de treinamento, Thimoty Galwey conseguiu o apoio de alguns homens de negócios que eram seus alunos e que compreenderam a importância de levar esses conceitos para o ambiente corporativo com o objetivo de aumentar o desempenho das equipes de trabalho.

Dessa forma, John Whitmore uniu-se a Thimoty Galwey e os dois iniciaram a formatação dos processos amplamente disseminados nas empresas.

O Coaching exige uma grande mudança de postura e modelo mental dentro das organizações visto que estimula a ampliação do processo de autoconscientização e autorresponsabilização de dirigentes, gestores e colaboradores.

O primeiro objetivo do processo de Coaching é a ampliação do nível de consciência. De acordo com John Whitmore (2013, pag. 47): "Só somos capazes de controlar aquilo de que temos consciência. Aquilo de que não temos consciência nos controla. A consciência nos dá poder".

Ainda segundo o autor, estar consciente é estar atento à interpretação do que se vê, ouve, sente ou faz. Quando estimula o autoconhecimento e o aprendizado, o Coaching possibilita a ampliação da atenção concentrada do indivíduo sobre quais aspectos são realmente relevantes sob um determinado contexto.

A autorresponsabilização é outra "meta" do Coaching. Quando escolhemos assumir a responsabilidade por nossos pensamentos e ações, nosso compromisso e desempenho aumentam significativamente.

Coaching nas Organizações

O que fazem as melhores empresas do mundo para se destacar da concorrência? De acordo com Ken Blanchard (2010, p. 55), "tratam bem os seus clientes e contam com uma equipe entusiasmada com sua visão e motivada a prestar aos clientes um serviço de nível superior". A criação dessa equipe motivada só é possível a partir do empoderamento dos colaboradores.

No entanto, para que o empoderamento realmente aconteça, muitas vezes é preciso haver uma transformação na cultura organizacional. Os líderes precisam confiar na sua equipe para que cada colaborador possa entregar todo seu conhecimento e capacidade de realização para o negócio.

A partir da conscientização da importância do empoderamento para a geração de resultados é que o Coaching vem ganhando seu espaço no ambiente corporativo.

Estamos em uma era na qual as organizações devem substituir a gestão e instrução pela liderança e aprendizado. Essa mudança se deve ao fato de que a palavra "gerenciamento" passou a representar um termo que tende a "sufocar" os processos de inovação. Na medida em que os mercados se tornam mais eficientes e intensamente competitivos, as ideias de coerção e controle prejudicam o sucesso das empresas.

E de que forma o Coaching contribuiu para essa nova realidade?

No âmbito organizacional, o Coaching pode ser aplicado de diversas formas, sendo as principais para transformação cultural, o Coaching Executivo e a formação de Líder Coach.

Coaching Executivo

O Coaching Executivo chegou ao Brasil por volta da década de 1990, quando os processos de demissões e reengenharia estavam alcançando o seu ápice. Com a redução drástica do número de colaboradores, viu-se como necessária a contratação de profissionais para ajudar os líderes a conduzirem esse processo de mudança, e também para que desenvolvessem novas competências que os deixassem aptos para enfrentar os novos desafios que estavam para vir.

Podemos conceituar o Coaching Executivo como um processo estruturado, porém flexível, com capacidade de promover reflexão e ação e que para ser bem-sucedido depende do engajamento e motivação do *coachee*.

Acreditamos que, quanto mais as pessoas tomam consciência dos seus principais recursos e talentos, mais apropriadamente os utilizam. E essa é umas das razões pelas quais a metodologia tem sido bem aceita por grande parte dos executivos que são premiados para participarem do processo. Além de trabalhar com o desenvolvimento de novas competências e com a neutralização de pontos fracos dos *coachees*, o Coaching Executivo tem como finalidade potencializar os talentos dos participantes, respeitando a individualidade e capacidade de cada um.

Criar um ambiente que estimule a confiança é fator crucial para os bons resultados do trabalho de Coaching Executivo e essa é uma das responsabilidades de um bom profissional da área.

De acordo com a Corporate Coach U, uma das instituições de Coaching mais respeitadas mundialmente, para que possa desenvolver esse ambiente de confiança propício para fazer Coaching, o profissional tem o dever de estar atento a três elementos-chaves: propósito, linguagem e relação.

Quando o executivo decide participar do processo de Coaching, ele precisa ter certeza de que o trabalho tem como objetivo o seu desenvolvimento profissional. Por isso a importância de o *coach* deixar claro o real propósito do trabalho: torná-lo um profissional ainda melhor.

Contudo, somente clareza de propósito não é suficiente, pois, por se tratar de um trabalho de parceria entre *coach* e *coachee*, é imprescindível a clareza de relação entre iguais. Por isso processos de Coaching nos quais existem diferenças de subordinação tendem ao fracasso.

Por fim, o *coach* deve se preocupar em utilizar uma linguagem adequada para a realidade do seu cliente. Quando falamos de Coaching Executivo, compreender e adotar os jargões de negócios pode ser um fator fundamental para que o processo flua conforme o esperado. Outro ponto a ser observado pelo profissional de Coaching é o cuidado com sua linguagem não-verbal. Nossas expressões faciais, gestos manuais e tons de voz falam muito mais do que nossas próprias palavras e até que a aliança esteja firmada o *coachee* estará testando a congruência do profissional a todo momento.

Apesar de o método ser o mesmo, o trabalho de Coaching Executivo pode variar conforme os objetivos do trabalho, sendo os dois principais os seguintes:

a) Coaching para performance

O Coaching para performance apoia o líder ou equipe no desenvolvimento de ações estratégicas para a otimização dos resultados organizacionais. Essa modalidade parte da necessidade de alcançar determinadas metas previamente acordadas entre profissionais e organização.

A proposta nesse caso é facilitar a construção de um plano de ação e sua implementação por parte dos indivíduos, propiciando o alcance de melhores resultados.

b) Coaching para desenvolvimento

O Coaching para desenvolvimento de habilidades e comportamentos é utilizado na preparação de profissionais para assumir cargos futuros. Essa modalidade é muito interessante para o desenvolvimento de indivíduos em casos de sucessão e também como ferramenta estratégica para gestão de talentos em potencial.

Através desse processo, o profissional esclarece expectativas de performance para uma função futura, avalia competências atuais e planeja continuidade de desenvolvimento.

Formação de Líderes Coaches

Outra forma de abordagem da metodologia que tem contribuído muito com as lideranças é a utilização de técnicas de Coaching para a formação e desenvolvimento de equipes de alta *performance*.

No século passado, a maioria das pessoas era paga como mão de obra física. O modelo de gestão predominante era o de mestre-aprendiz. A partir da metade do século XX, as mudanças derivadas do surgimento da mecanização estimularam o modelo de gerenciamento por processos devido à ênfase em tarefas repetitivas. Já nas últimas décadas, com a sistematização e informatização dos processos, as pessoas são contratadas e pagas pelas organizações para pensar.

Apesar de toda essa mudança, a maioria dos gerentes ainda utiliza as mesmas técnicas de gestão da era dos processos e com isso tanto o nível de motivação dos colaboradores quanto os resultados organizacionais têm deixado muito a desejar.

A solução para essa nova necessidade no mundo dos negócios está relacionada com o desenvolvimento de competências que estimulem nas lideranças a utilização das técnicas de Coaching em seu modelo de gestão.

De acordo com a metáfora do modelo do iceberg, quando os líderes desejam melhorar o desempenho de alguém devem ajudar seus colaboradores a refletir sobre quais hábitos, pensamentos e sentimentos podem estar influenciando seus resultados.

De acordo com David Rock, já está mais do que na hora de os líderes aprenderem, principalmente, a aperfeiçoar os pensamentos das pessoas e, para isso, precisam aperfeiçoar a maneira como orientam e se comunicam com sua equipe.

Crescemos e fomos educados em uma cultura na qual acreditamos que a melhor forma de desenvolvimento cognitivo e comportamental das pessoas é a instrução. Como mencionado anteriormente, o Coaching, a partir da teoria de Thimoty Galwey, vem mudar essa crença, já que parte do princípio de que cada um possui as melhores respostas, basta que seja estimulado da melhor forma.

Para estimular as pessoas a organizarem seus pensamentos e encontrarem suas próprias respostas aos seus dilemas, o gestor deve deixar de ser diretivo a cada abordagem de sua equipe e instigar, através de perguntas, que seus membros definam as melhores soluções.

E Coaching nada mais é do que um processo estruturado de fazer as perguntas certas que possibilitam a organização das ideias, a busca de soluções inovadoras e a motivação para levar as pessoas à ação.

A diferença entre um trabalho individual de Coaching Executivo e a utilização da metodologia Coaching como modelo de gestão é que a primeira abordagem deve ser realizada por profissional capacitado para atuar a partir de dez a doze sessões para o alcance de metas previamente definidas pela organização. Já a segunda pode ser utilizada a qualquer momento pelo gestor para estimular o empoderamento e desenvolvimento de sua equipe. Um líder que domine a técnica é capaz de fazer Coaching a qualquer tempo e em qualquer lugar que perceber que algum colaborador está precisando de apoio.

Para que um líder esteja apto a ser um líder *coach*, além de capacitação técnica ele precisa desenvolver as seguintes competências comportamentais:

a) Ouvir além das palavras

O primeiro comportamento que deve ser desenvolvido por um líder que decide transformar-se em um líder *coach* é o de ouvir as pessoas além do óbvio. Todos nós quando nos comunicamos transmitimos uma série de mensagens por meio da comunicação não verbal e também pelo estilo de palavras e forma de conduzir os diálogos.

Informações importantíssimas em relação às pessoas como, por exemplo, valores, talentos, crenças, medos e potencial são facilmente levantados em uma conversa mesmo que elas não estejam claramente falando sobre esse assunto.

Abrir os ouvidos para o que de mais sutil os colaboradores têm a dizer sobre eles e sua forma de pensar é crucial para o exercício de uma liderança plena e com capacidade de influenciar positivamente as equipes de trabalho.

b) Perguntar de forma estruturada

Por meio do desenvolvimento de novos comportamentos e da aplicação de novas técnicas, um líder *coach* impreterivelmente precisa desenvolver a habilidade de fazer perguntas.

Quando um gestor habitua-se a perguntar mais do que a dar respostas ele indiretamente está transmitindo a mensagem de que confia no potencial de sua equipe e com isso, além de promover a inovação e o desenvolvimento das pessoas, aumenta significativamente a autoconfiança dos colaboradores.

Para o desenvolvimento da habilidade de fazer perguntas, o líder deve tomar alguns cuidados:

- **Concentrar-se nas soluções:** evitar deixar que a conversa verse sobre o problema, aumenta as chances de solucionar e melhorar os resultados;
- **Usar perguntas abertas:** como a proposta é estimular o pensamento, o líder *coach* deve utilizar perguntas abertas que evitem respostas sim e não.
- **Utilizar frases simples e curtas:** para ajudar de forma efetiva as pessoas a organizarem melhor suas ideias é de extrema importância que as perguntas sejam feitas de forma objetiva e que vão direto ao ponto;
- **Saber lidar com o silêncio:** o líder saberá que está dominando a arte de fazer perguntas quando perceber que a maioria delas está exigindo reflexão das pessoas e o silêncio antes da resposta é necessário para que possam ser gerados novos *insights*.

c) *Feedback* e reconhecimento

Outro hábito que deve ser desenvolvido por aqueles que decidirem utilizar o Coaching para empoderar suas equipes diz respeito à adoção de técnicas de *feedback* e principalmente à utilização do reconhecimento verbal para os grandes e pequenos avanços alcançados por seu time.

Estudos da Neurociência demonstram que o reforço positivo é muito mais efetivo para estimular as mudanças de comportamento do que os *feedback*s negativos. No entanto, o que observamos na prática é a pequena utilização desse importante recurso de motivação. Quando perguntamos aos gestores o percentual de reconhecimento versus o de *feedback* negativo que utilizam com seus colaboradores, na grande maioria das vezes as respostas mostram maior frequência de adoção da segunda opção.

Mais do que uma mudança individual, uma transformação cultural

A mudança de cultura firmada no modelo "manda quem pode e obedece quem tem juízo" para outro capaz de engajar as pessoas para entregar o seu melhor é o grande desafio imposto pelo mercado às empresas que querem continuar crescendo nos dias atuais.

Para que essa mudança se concretize, torna-se necessária uma profunda transformação de paradigma coletivo, já que a cultura de alta *performance* almejada pelas organizações exige novas filosofias de trabalho, assim como a adoção de nova forma de atuação profissional e pessoal.

A grande dificuldade é que ainda estamos em um mundo no qual a segregação, os julgamentos e os preconceitos são constantes.

A palavra conceito significa: ideia; pensamento; definição. Sendo assim, a palavra preconceito significa: conceito antecipado, opinião formada sem uma reflexão prévia.

A mudança de paradigma necessária para a implantação de uma cultura Coaching no ambiente organizacional está relacionada com a adoção da prática de refletir mais sobre nossos próprios pensamentos e ações e sobre a maneira de ser, agir e sentir das pessoas que fazem parte do contexto profissional, aumentando a empatia e como consequência a ampliação do nível de comprometimento com o trabalho e resultados necessários para a sustentabilidade do negócio.

REFERÊNCIAS BIBLIOGRÁFICAS

Ken, B. Liderança de Alto Nível. São Paulo: Bookman, 2011.
Rock, D. Liderança Tranquila. Rio de Janeiro: Elsevier, 2006.
Whitmore, J. Coaching para performance. Rio de Janeiro: Qualitymark, 2009.
Galwey, T. O Jogo Interior de Tênis. Texto Novo. 2006.
Lages, Andrea; O'Connor, J. Como o Coaching funciona. Rio de Janeiro: Qualitymark, 2010.

4

A GESTÃO DE PESSOAS E O AMBIENTE INTERNO DAS EMPRESAS

Christiane Sarate Siqueira

Christiane Sarate Siqueira

Bacharel em Administração com ênfase em Comércio Exterior pela Universidade Católica Dom Bosco, especialista em Metodologia e Gestão para Educação a Distância pela Universidade Anhanguera Uniderp e mestranda em Educação pela Universidade Católica de Petrópolis – RJ. Atualmente é professora universitária e atuou como coordenadora acadêmica e com supervisão empresarial.

christianesarate@hotmail.com
http://lattes.cnpq.br/8129824334815723

Recursos Humanos X Gestão de Pessoas: mas, de fato, o que mudou?

O mercado muda constantemente e com isso a área de recursos humanos também precisou se adaptar e evoluir, o mundo tecnológico oportuniza às empresas maior agilidade das informações, compartilhamento ágil de dados e captação de novas oportunidades de forma altamente eficaz.

Estudos dedicados à evolução das eras da administração propõem essa evolução em uma simples divisão de três fases no século XX.

ERA INDUSTRIAL	ERA PÓS-INDUSTRIAL	ERA DA INFORMAÇÃO

Diante destas evoluções, o Recursos Humanos deixou de ser apenas mais um departamento e passou a ser uma das principais áreas de uma organização, entretanto, o nome limitava todo um processo e fazia referência à era industrial, então foi atualizado para Gestão de Pessoas e crescendo na era da informação.

A partir desta nova nomenclatura começa a crescer no mercado a percepção de que a gestão de pessoas deve ser feita de modo macro, valorizando e motivando pessoas para desenvolver o melhor e para que possam oferecer maior resultado à empresa.

A preocupação com as pessoas envolvidas na empresa passa a ser maior e com esta nova nomenclatura a Gestão de Pessoas começa a ser vista como umas das áreas mais relevantes dentro do ambiente organizacional.

Fala-se muito sobre a Gestão de Pessoas, mas é imprescindível que executivos, administradores, gestores, coordenadores e líderes saibam que o RH esteve por muito tempo presente e em alta nas empresas e ainda está presente em muitas organizações, porém, a gestão de pessoas vem para potencializar esta área, criar maior valor a este setor que atrai e desenvolve talentos.

Para entendermos melhor este conceito, precisamos compreender o que acontecia na era industrial que compreendeu o período de 1900 a 1950, quando a industrialização chegou com força total e potencializou diversos países. Naquele momento não existia uma preocupação específica com o motivacional dos colaboradores, o importante era produzir a todo vapor, considerando apenas resultados da operação através da sua produção operacional.

As pessoas eram consideradas recursos de produção, utilizados como recursos organizacionais, máquinas e materiais. Essa era também ficou conhecida como administração científica.

Observe que hoje as empresas passam a ter uma nova visão, o colaborador não é nem pode ser visto como máquina ou simplesmente um material, deve ser visto como colaborador que está envolvido no processo e é parte importante na empresa por ter competências humanas necessárias para qualquer produção, mas até esta visão tornar-se real e prática passam-se muitos anos.

A era pós-industrial inicia-se logo após a Segunda Guerra e vai até meados de 1970, quando o foco mundial aumentou para o setor de serviços e acentuava a competição entre as empresas.

 Questões relacionadas a como escolher melhor os funcionários em uma seleção fez com que as empresas criassem o departamento pessoal, porém, a área acaba caminhando por caminhos relacionados a rotinas administrativas e não para a gestão de pessoas.

Somente em 1990 as mudanças tecnológicas começam a aparecer e potencializar o mundo, assim as organizações entendem que a tecnologia chegou e precisam capacitar seus funcionários para esse novo momento, começam a perceber que devem fazer a gestão do conhecimento e utilizar isso como diferencial de mercado.

A partir de então as empresas passam a se preocupar não apenas em selecionar pessoas, mas principalmente em reter talentos, desenvolver as pessoas recrutadas, aproveitar as competências individuais e em grupo, e criar novos laços entre líderes e liderados.

Para isto, o gerenciamento de pessoas passa a maximizar essas ações e criar um valor que antes existia somente nas entrelinhas do RH. Hoje é algo presente e extremamente importante dentro das empresas.

Com a gestão de pessoas, os executivos de gestão de pessoas buscam identificar, achar, prospectar e reter novos talentos, os famosos *headhunter* estão cada vez mais presentes no meio corporativo e as empresas à procura de pessoas com diferenciais de mercado.

Na administração estratégica de pessoas, o papel do setor de recursos humanos estava somente no ajuste dessas estratégias, hoje isto somente fará sentido se o indivíduo fizer parte de todo o processo e se sentir valorizado por isto. A gestão de pessoas passa a assumir a parte estratégica da organização, sendo capaz de diagnosticar os pontos fracos que devem ser melhorados e desenvolvidos.

Mas, então, o que mudou?

Mudou a forma de tratar as pessoas, de valorizar sua equipe, fazer com que todos se sintam importantes e que possam trabalhar motivados.

As empresas começam a entender que ter e reter bons profissionais faz com que seus resultados comerciais, financeiros e até mesmo logísticos sejam visíveis no final do mês, então, caso sua empresa ainda tenha muitos caminhos a percorrer nesta área, comece agora.

É extremamente importante que você, caro gestor, tenha em mente que é sua responsabilidade motivar, propor novas formas de treinamento e ganhos, para sua equipe e, consequentemente, para sua empresa.

De nada adianta se você mantiver todo este conhecimento na teoria, é necessário ir para a prática e tenha sempre em mente que haverá mais mudanças e que você e sua empresa devem estar preparados para esse mercado. Ter medo do novo é natural, mas não deixe que o medo ou a insegurança não permitam que sua empresa cresça.

Desenvolvimento da Gestão de Pessoas

Todos esperam de você grandes resultados, a pressão só aumenta dia após dia, você começa a perceber que sua equipe não produz receita suficiente e que sua empresa precisa melhorar para se manter, seus batimentos cardíacos só crescem, então você se pergunta:

– O que fazer nesta situação?

A primeira ação a ser tomada é centrar seus pensamentos e procurar a melhor alternativa de solução, seja em grupo ou sozinho, pensar antes de executar.

Claro que sabemos que existem momentos em que as ideias não fluem, então um bom *brainstorming* sempre é bem-vindo, mas lembre-se de que você é o gestor, que os resultados de sua empresa são gerenciados por você!

Mesmo recebendo diversos tipos de opiniões, lembre-se de que é necessário fazer um filtro nas informações. Sabemos que cada empresa tem um ritmo diferente, que somente você como gestor conhece os processos existentes na sua organização, e se você não conhece, passe a conhecer!

É necessário entender dentro dos processos existentes e como são executados. Lembre-se:

O papel da gestão de pessoas é macro, conhecer o ritmo de sua empresa e seus funcionários é essencial.

Pontos importantes para a decisão na gestão de pessoas aplicar o *brainstorming*
1. Importância de entender e compreender o problema.
2. Importância de estar comprometido em solucionar o problema.
3. Entender que a decisão deve ser tomada e que o gestor deve se posicionar sobre.
4. Se a decisão for liberal, todos devem estar comprometidos.
5. O gestor deve disponibilizar informações para que todos possam ter as mesmas informações e sugerir tudo o que acharem que seja cabível.
6. O gestor deverá filtrar as informações e decidir como aplicar.

A importância da Cultura Organizacional

É importante que os gestores tenham consciência na tomada de decisão e que saibam que suas atitudes interferem diretamente nas equipes, as ações determinam as soluções, e estas soluções oportunizam um clima organizacional favorável a resultados positivos ou não.

A equipe deve ser conduzida de forma clara, desafiadora e motivada para que todos sintam a necessidade de buscar novos resultados e auxiliar no crescimento da empresa, mas infelizmente nem todos os colaboradores pensam ou agem assim, o que mais encontramos nas empresas são colaboradores desmotivados, equipes desengajadas e líderes desmotivados.

A cultura organizacional é determinada pelos hábitos e crenças, atitudes e valores dos membros da organização. No início do capítulo, sobre o quanto houve mudanças ao longo dos tempos, as empresas se modernizaram e cada vez mais buscam profissionais comprometidos com as empresas. Mas, quando uma equipe não está oportunizando os resultados esperados, lembre-se de que a cultura organizacional é determinada por três itens:

| NORMAS | VALORES | CRENÇAS |

Assim, é necessário apresentar à sua equipe as normas, valores e crenças existentes em sua empresa, para que desse modo todos possam entender exatamente o que esperar e cabe ao gestor apresentar à equipe os itens e criar meios para que todos saibam o que e como se comportar dentro do meio organizacional.

As empresas transpiram valores de seus idealizadores e estes valores podem ser compartilhados com os colaboradores através de reuniões de alinhamento, treinamentos de integração ou em *workshops* organizacionais. Só podemos cobrar atitudes quando apresentamos as atitudes que queremos, é necessário ser o mais claro possível e ter a certeza de que seus colaboradores entenderam a informação.

Falhas no processo de comunicação são responsáveis por desentendimentos nas normas da cultura organizacional, mas falaremos sobre isso mais à frente, agora vamos colocar o foco em desenvolver e aplicar as normas, valores e crenças organizacionais.

A eficácia da comunicação para a gestão de pessoas

A comunicação ainda é uma das áreas em que a gestão de pessoas precisa dar um foco especial, afinal, se comunicar é essencial. Grandes empresas investem em um departamento específico dentro da gestão de pessoas para trabalhar o processo de comunicação. Este departamento chama-se *endomarketing*.

O *endomarketing*, ou *marketing* interno, é um departamento que cuida da comunicação interna das empresas, trabalhando o *marketing* para a comunicação com os funcionários. Não podemos falar da evolução da gestão de pessoas, dos processos e de cultura organizacional sem falar da importância do processo de comunicação.

EMISSOR → RECEPTOR → CRENÇAS

Ao longo da história das empresas a comunicação é uma das áreas mais afetadas, alguns projetos não são executados de forma correta por falta de comunicação entre as partes, tornando algo que deveria ser simples extremamente demorado e ineficaz. Isso acontece devido aos ruídos que atrapalham o processo de comunicação.

Os ruídos podem ser o próprio som ou mesmo fatores emocionais (como cansaço, *stress*, falta de atenção) que levam o receptor a não entender a mensagem corretamente.

Lembre-se de que cada indivíduo recebe uma mesma mensagem de forma diferente, então, se você tem projetos, precisa aprender a se comunicar corretamente e estar atento ao modo de como é feita a comunicação no processo de gestão de pessoas. Desenvolva seus liderados e tenha mais resultados em sua empresa, pois um líder servidor oportuniza para sua empresa maior resultado e gera mais comprometimento de sua equipe.

COMO MAPEAR, QUESTIONAR E ANALISAR PESSOAS

Cláudia de França Lima

Cláudia de França Lima

Graduação em Administração pelo Centro Universitário Augusto Motta (2004). MBA em Gestão de Pessoas pela Universidade Anhanguera (2015). Atuação e experiência em gestão há mais de cinco anos.

Atua como administradora em unidade de Saúde Mental do Município do Rio de Janeiro, além de tutoria presencial em Administração, RH e Logística na Universidade Anhanguera Educacional/RJ.

(21) 2148-5793

Equipes de alto desempenho nas organizações são cada vez mais necessárias. Pessoas com formação acadêmica, habilidades e competências diferenciadas são cada vez mais procuradas no mercado de trabalho por grandes empresas. Para isso, além do comportamento e do conhecimento organizacional é necessário unir diversos saberes, desde o menor até o mais inovador saber e fazê-los funcionar em perfeita harmonia, como uma orquestra bem treinada, e cada um exercendo sua função.

Como numa orquestra existem alguns momentos nos quais os instrumentos executam solo, em que determinado grupo toca junto, enquanto os demais recuam e posteriormente voltam à mesma canção no tempo certo e sem atrapalhar o instrumento que acabara de realizar aquele solo.

Identificar o surgimento de novos talentos ou novas lideranças pode ser crucial, seja pelo momento em que a organização vive, por resultados esperados dos funcionários, pelo desempenho da organização ou pelo clima organizacional, mapeando estilos de liderança em um determinado grupo, independente de seu nível hierárquico, mas considerando seu conhecimento e sua competência necessários para agir de forma eficiente e eficaz. Uma organização deve ter colaboradores motivados e comprometidos, dispostos a contribuir com os objetivos da empresa, a fim de satisfazer o mercado que está cada vez mais exigente e ainda manter foco na missão e visão organizacional. Este mapeamento pode contribuir inclusive para identificar possíveis deficiências de competência organizacional e auxiliar o recrutamento a traçar perfis a serem selecionados.

Traduz a capacidade de um líder ou de cada profissional em adequar-se ao momento da organização e produzir o melhor resultado esperado, identificar novas lideranças ou a falta de liderança para determinada situação ou momento que a empresa esteja vivendo. O líder ou responsável pela organização pode delegar sua liderança em uma equipe de alta performance e para isso deve haver maturidade entre as partes.

O ideal é reunir indicadores que representem as necessidades de atributos para uma gestão situacional, mapeando pessoas e processos de forma a propor cenários ou situações que explorem potenciais profissionais esperados ou inesperados.

Os objetivos de proposição de cenários devem ser:
• Propor avaliar cada situação de modo racional e sistêmico;

- Esclarecer a importância de definir o que deverá ser feito, de modo claro e objetivo, e as metas a serem alcançadas;
- Transcorrer sobre como desenvolver as estratégias para que as metas sejam atingidas independentemente do prazo para obter o resultado;
- Relatar como determinar e obter os recursos necessários;
- Descrever como aplicar técnicas específicas para que as metas sejam alcançadas;
- Ressaltar a importância do treinamento, da motivação e recompensa às pessoas;
- Exemplificar como garantir que a equipe não será atrapalhada com intervenções inadequadas e inoportunas;
- Definir sobre gerar condições para que o trabalho seja executado pela equipe.
- Expor a adoção de diferentes estilos/perfis de equipes, além de proporcionar transitoriedade na liderança sem reservas ao responsável de um departamento ou de uma determinada atividade na organização.

Neste escopo é importante reunir ferramentas capazes de identificar um talento em ascensão dentro das organizações e entender como acioná-las no momento em que for necessário, de forma a mapear suas competências, ganhando mais agilidade ao precisar de alguém da equipe de trabalho para assumir tal função a fim de obter resultados esperados à organização, observando e mantendo um bom clima organizacional, independentemente dos desafios propostos pelo negócio ou mercado em que a empresa atue.

É extremamente importante entender o cenário de atuação da empresa buscando informações relevantes como, por exemplo, gente disponível, clima organizacional, caracterização (perfil) das pessoas.

Para tanto é preciso realizar a análise, a identificação e a interpretação de fatores relacionados à organização e ao mercado em que a mesma atua, bem como a exploração de técnicas e ferramentas na orientação para a situação/tarefa.

A 5W2H surgiu nos EUA, durante o período de busca pela Qualidade Total. É uma ferramenta que tem como objetivo eliminar ruídos na comunicação e gerar melhor qualidade na execução de tarefas. Polacinski (2012) descreve que a ferramenta consiste num plano de ação para atividades preestabelecidas e que precisam ser desenvolvidas com a maior clareza possível. As diretrizes utilizadas neste processo são representadas pelas seguintes palavras em inglês: **What** – O que será feito (etapas), **Why** – Por que será feito (justificativa), **Where** – Onde será feito (local), **When** – Quando será feito (tempo), **Who** – Por quem será feito (responsabilidade), **How** – Como será feito (método), **How much** – Quanto custará para ser feito (custo).

O processo de avaliação pressupõe um trabalho de apreciação e acompanhamento constante sobre o comportamento dos indivíduos e das situações apresentadas na organização (baseado em Chiavenato, 2010). Trata-se de um instrumento que inclui dados mensuráveis e esclarecimentos sobre o funcionário, sobre seu trabalho e seu comportamento no desenvolvimento de suas tarefas e diante de qualquer situação.

Segundo Chiavenato (1999), p.85: "A estrutura organizacional constitui uma cadeia de comando, ou seja, uma linha de autoridade que interliga as posições da organização e define quem se subordina a quem". O formato da estrutura organizacional hierárquica tradicional é a pirâmide. A pessoa ou o departamento no comando fica no topo da pirâmide (Fayol, 1997). Cada departamento fica abaixo do topo em ordem descendente de subordinação. O fundo largo da pirâmide é preenchido com a massa populacional da organização. A motivação pode ser de forma extrínseca, fora do indivíduo, como incentivo, benefícios, remuneração e valorização de pessoas. A motivação também pode ser intrínseca, com valores pessoais e internos do funcionário que devem ser pesquisados e conhecidos, pois variam de pessoa a pessoa. Exemplo da motivação intrínseca: realização, independência, estima, segurança, entre outros. Ken Blanchard e Sheldon Bowles no livro "Gung Ho" (Nova York: William Morrow, 1998) constataram que havia três exigências para motivar as pessoas, qualquer que fosse a organização: as pessoas precisam ter um trabalho significativo, como, por exemplo, para tornar o mundo melhor. Outra constatação é que as pessoas precisam ter o controle da realização do objetivo, pois quando sabem por que estão trabalhando e para onde isso as conduz elas dedicam o máximo de sua capacidade mental ao empreendimento. E por último, para continuar a gerar energia, as pessoas precisam ser constantemente valorizadas e reconhecidas, bem como valorizar e reconhecer os outros.

O empoderamento é um processo de liberar o poder que existe nas pessoas – seu conhecimento, sua experiência e sua motivação – e direcionar esse poder à concretização de resultados positivos para a organização (Blanchard 2011, p. 56). Confiança é uma palavra-chave e o empoderamento cria um ambiente organizacional que libera o conhecimento e gera motivação às pessoas inerentes ao processo. Para criar uma cultura de empoderamento, os líderes devem recorrer a três itens: compartilhar informações, especificar quais são os limites e substituir a velha hierarquia por pessoas e equipes autodirigidas. Trata-se de uma ferramenta que permite melhorar a qualidade e a produtividade dos funcionários e alavancar resultados positivos para a organização.

O mapeamento versa que as equipes são compostas por indivíduos dotados de qualidades diferentes. O conhecimento das necessidades e características de uma equipe de alto desempenho é crucial. Pesquisas sobre o desenvolvimento de grupos identificaram cinco estágios: orientação, insatisfação, integração, produção e finalização (Blanchard, 2007). O entendimento desses estágios e as características de uma equipe dentro de cada fase são essenciais para avaliação de seus membros, objetivando a promoção da eficiência na formação e consolidação de equipes produtivas e bem-sucedidas. Para tanto, diagnosticar o nível de desenvolvimento de equipe entende-se como a habilidade de determinar o estágio de desenvolvimento de uma equipe e avaliar suas necessidades exige que uma pessoa se distancie e veja como um todo, em vez de focar nos comportamentos e necessidades individuais. As variáveis que determinam o estágio de desenvolvimento da equipe são a produtividade e a moral. Entende-se por produtividade a quantidade e a qualidade de trabalho realizado em relação aos objetivos da equipe. Moral é o sentimento de satisfação gerado pelo fato de pertencer a esta equipe e realizar o trabalho proposto.

Além das ferramentas de mapeamento de equipe que visam identificar, analisar e diagnosticar equipes nas organizações, também podem ser utilizadas as avaliações de desempenho com métodos bem conhecidos e eficientes para produzir resultados que possam embasar a certificação de equipes de alta ou baixa *performance*. Existem métodos de avaliação de desempenho tradicionais e atuais.

Os métodos tradicionais são classificados como:

• **Pesquisa de campo:** avaliação das lideranças da organização objetivando um levantamento dos motivos de tal desempenho através de análise de fatos ocorridos no desenvolvimento das atividades.

• **Incidentes Críticos:** avaliação por desempenhos altamente positivos ou altamente negativos, enfatizando extremos sem se preocupar com as situações normais.

• **Escala gráfica de classificação:** a avaliação se dá por meio de indicadores definidos e graduados numa escala de ruim a excelente.

• **Comparação de pares:** realiza a comparação entre equipes ou entre um colaborador e o restante da equipe. Pouco eficiente e quase sem utilização.

• **Autoavaliação:** avaliação realizada pelo próprio avaliador sobre o seu desempenho nas atividades propostas. Geralmente utilizado junto com outro sistema de avaliação.

• **Escolha forçada:** avaliação através de uma descrição na qual o avaliador deve optar pela escrita mais adequada ou aproximada da realidade da equipe avaliada.

• **Avaliação escrita:** avaliação a critério do avaliador acerca de equipe e/ou do avaliado. Neste método, há dificuldade em comparar as classificações/critérios atribuídos já que é livre a escolha do avaliador.

• **Avaliação por objetivos:** avaliação de alcance de objetivos específicos atrelados aos objetivos organizacionais.

• **Avaliação por resultados:** utilizado na comparação entre os resultados alcançados e os objetivos propostos.

• **Padrão de desempenho:** utilizado apenas quando há metas organizacionais a serem alcançadas. Todos os funcionários devem ser comunicados previamente.

Os métodos de avaliação de desempenho mais utilizados atualmente são:

• **Avaliação por competências:** identifica as competências conceituais, habilidades e atitudes para o desempenho esperado.

• **Avaliação por competências e resultados:** cruzamento de avaliação de competência perante os resultados obtidos.

• **Avaliação de potencial:** identifica potencialidades que poderão ser desenvolvidas futuramente.

- **Avaliação 360 graus:** neste método os avaliados recebem *feedbacks* (retorno/resposta de atuação) de pessoas com quem os mesmos se relacionam na organização.

- **Balanced scorecard:** avalia o desempenho sobre quatro perspectivas, sendo a financeira, a do cliente, dos processos internos e do aprendizado e crescimento. Robert S. Kaplan e David Norton (1990).

Cabe ressaltar que o desenvolvimento das competências nas equipes deverá estar atrelado à missão e visão das organizações.

Quando as organizações se estruturam para competir de modo mais eficaz e eficiente, escolhem as equipes como forma de utilizar o melhor talento de seus funcionários. Robbins (2010).

As situações, estratégias, momentos pelos quais as organizações passam são constantemente mutáveis e os cenários são os mais adversos. Por isso, de posse do conhecimento necessário para acionar os perfis, faz-se necessária uma análise organizacional.

Etapas do diagnóstico do problema são (Felippe, 2006 - adaptado):

- **Início:** definição clara do que a organização quer e/ou precisa melhorar, por exemplo, competências críticas, erros, oportunidades de melhorias.

- **Identificação das necessidades:** aquilo que está sendo realizado, aquilo que pode e/ou deve ser feito, aquilo que deve ser melhorado e/ou evitado.

- **Análise, priorização:** busca de soluções e/ou alternativas para atender o que foi definido na etapa inicial.

- **Definição:** qual estratégia será atendida. Existe necessidade de rever e/ou definir ações e políticas de gestão de pessoas.

- **Estruturação:** definição dos meios que serão usados para a realização das atividades.

- **Avaliação:** métodos para verificar se as atividades atenderam ou não todas as etapas.

- **Rodar PDCA:** usar a metodologia proposta por Deming: P (planejar), D (em Inglês *do*, fazer), C (em Inglês *check*, verificar), A (em Inglês *act*, agir, colocar em operação normal).

As etapas descritas são fundamentais para que seja possível fazer o planejamento, a execução e o acompanhamento adequados das atividades.

Adaptando o que Graceffi (2006) aborda sobre Treinamento e Desenvolvimento, seu trabalho origina-se a partir da pergunta: "Quem necessita aprender o quê?"

Ações para a etapa de planejamento de atividades:

- **Quantificar as atividades necessárias:** relação entre o número de participantes e a necessidade de treinamento para o desenvolvimento dos membros da equipe ou da equipe como um todo.
- **Definir a época ideal para as atividades:** agendar as atividades de acordo com o momento requerido, compatibilizando/otimizando a disponibilidade de tempo das pessoas. Importante evitar épocas "concorridas", como orçamento, auditorias.
- **Classificar as necessidades em relação ao conteúdo das atividades:** fazer amarração com as competências (conhecimento, habilidade, atitude) requeridas pela organização.
- **Escolher a metodologia para cada necessidade:** uso de aulas expositivas e/ou métodos vivenciais.
- **Programar as atividades:** definir quem, quando e como realizar as adaptações.
- **Identificar os recursos (internos e/ou externos) a serem mobilizados:** escolher pessoas e recursos internos e/ou externos. Incluir os investimentos no orçamento da organização: o cuidado é ter um planejamento no tempo correto para ser amarrado com o processo orçamentário que ocorre, geralmente, muitos meses antes da execução da atividade. (Felippe, 2006 - adaptado).

Para acionar os perfis corretos para as atividades deve se observar também a maturidade dos profissionais envolvidos na tarefa e ainda a situação ou o cenário em que a organização está envolvida e aonde a mesma pretende chegar.

Quanto à organização, importante observar o passo a passo:

a) **Reunião de dados:** apanhado de elementos que podem, juntos, transformar-se em informações relevantes.

b) **Organização:** estruturação e sistematização do processo.

c) **Acesso:** disponibilização de meios pelos quais se possa acessar os dados.

d) **Aplicação:** utilização dos dados, sob a forma de informações, para tomada de decisões.

A integração dos processos pode perdurar através da educação corporativa, que tem por objetivo oferecer aos colaboradores e à cadeia de valor da empresa um direcionamento de competências e aprendizagens relacionadas que, efetivamente, possam dar sustentação aos resultados estratégicos almejados e a um "saber fazer contínuo". Inclui um trabalho na cultura da empresa, com sua visão, missão, valores e competências organizacionais perfeitamente alinhados com o planejamento estratégico, bem como a sistematização do conhecimento estratégico e técnico e os *gaps* de competências. D'Arce (2004).

Por fim, mapear pessoas, lideranças e processos pode significar gradativamente para os colaboradores e para as organizações:

- Contribui para operacionalizar missão, valores e princípios;
- Estimula o autodesenvolvimento;
- Desenvolver e reter o capital humano;
- Aumenta a produtividade;
- Otimiza custos de oportunidade;
- Integração de pessoas e processos;
- Estimula o trabalho em equipe;
- Facilita a comunicação;
- Auxilia no planejamento;
- Mantém o foco em pessoas e resultados;
- Ajuda na tomada de decisão;
- Promove um bom risco de provocar mudança de paradigma;
- Quebra de barreiras pessoais, profissionais e organizacionais;
- Busca superação.

REFERÊNCIAS BIBLIOGRÁFICAS
BLANCHARD, Ken H. Liderança de Alto Nível: como criar e liderar organizações de alto desempenho; tradução: Raul Rubenich – Ed. rev. e ampl. Porto Alegre: Bookman, 2011.
BLANCHARD, Ken H.; SPENCER, Johnson. O gerente-minuto; tradução de Ruy Jungrnann. 28ª ed. Rio de Janeiro: Record, 2007.
HERSEY, Paul; BLANCHARD, Ken H. Psicologia para Administradores: As teorias e as técnicas da liderança situacional. São Paulo: EPU, 1986.
CHIAVENATO, Idalberto. Introdução à Teoria Geral da Administração. 4ª ed. São Paulo: Makron Books, 1993.
CHIAVENATO, Idalberto. Teoria Geral da Administração. São Paulo: McGraw-Hill, 1997.
CHIAVENATO, I. Administração de Empresas: uma abordagem contingencial. São Paulo: McGraw-Hill, 1987.
CINTRA, Josiane C; OZAKI, Yaeko. Consultoria e Processos de RH. Valinhos: 2015.
FREITAS, Dante Bonetti. Liderança. Valinhos: Anhanguera Educacional, 2014. p.1-91. Disponível em <http://anhanguera.com>. Acesso em: 01 ago. 2014.
MCGREGOR, D. Motivação e Liderança. São Paulo: Brasiliense, 1973.
MEDEIROS, Mirna. Seleção e Dinâmicas de Grupo. Valinhos: Anhanguera Educacional, 2014. Disponível em: <http://anhanguera.com>.

COMPETÊNCIAS COM FOCO NA ENTREGA: MODELO CHAE

Cyndia Laura Bressan

Cyndia Laura Bressan

Mestre em Psicologia Organizacional e do Trabalho pela UnB (Universidade de Brasília). Psicóloga e licenciada pela UFC (Universidade Federal do Ceará) em 1998/1999.
Atua há mais de 14 anos em empresas nacionais e multinacionais na área de Gestão de Pessoas e Estratégia Organizacional, conduzindo processos de *endomarketing*, gestão de desempenho, gestão por competências, treinamentos convencionais e vivenciais, mapeamento de potencial, educação corporativa e desenvolvimento de líderes. Consultora, palestrante, *coach* de executivos, coordenadora de MBA e docente universitária.

cyndia@institutobressan.com

O objetivo deste capítulo é explorar o conceito de Competência no contexto organizacional moderno, pós-mudanças radicais nos pilares sociais e grande avanço tecnológico e, além disso, evidenciar como este conceito pode ser utilizado, sua composição e seus desdobramentos para o indivíduo e empresas. Neste sentido, está estruturado apresentando as mudanças no mundo e no trabalho, o surgimento do conceito de competência e sua aplicabilidade; e competência como entrega.

Mudanças no mundo e sua influência na vida e trabalho

As mudanças no mundo nos últimos 50 anos revolucionaram a forma de pensar, agir e trabalhar. Os inexoráveis avanços tecnológicos deixam marcas profundas e subvertem paradigmas a todo o momento. Segundo Silva (1999), a sociedade vive uma Mudança de Era e não apenas uma Era de muitas Mudanças, pois na 1ª temos uma mudança nos pilares que sustentam a sociedade, uma ruptura de modelos e até serem construídos e validados novos modelos leva-se um bom tempo. Logo, durante esse tempo de construção dos novos pilares vivemos numa espécie de limbo, como uma fotografia desfocada, pois o que antes era tido como "padrão" ou "forma correta de comportamento" agora não mais existe e o que irá emergir como padrão ainda se encontra em estágio embrionário. São exemplos dessa ruptura: papel Masculino e Feminino, Modelo de Família, Noção de Tempo e Espaço, dentre outros aspectos.

Assim, o mundo vive uma mudança de 1ª ordem, de ruptura. Ao contrário do que seria uma mudança de 2ª ordem ou incremental, na qual os pilares sociais permanecem porém são realizados pequenos ajustes de adaptação aos novos contextos (LIMA e BRESSAN, 2003). Desta forma a mudança torna-se algo corriqueiro ao dia a dia e imprime dinamismo e desafio nos comportamentos dos indivíduos em todos os grupos e lugares que frequenta. Um bom exemplo desta mudança é o uso dos *smartphones*, que são imprescindíveis na vida e no trabalho hoje, mas não existiam antes de 1993 e se popularizaram somente no final da década de 90. Ou seja, muito, muito antes disso as pessoas conseguiam trabalhar e entregar produtividade sem a necessidade de um *smartphone*, porém hoje ter um é condição praticamente *sine qua non* para ser produtivo, relacionar-se e ser bem-sucedido profissionalmente.

Para Dutra (2004), nas organizações todas essas mudanças se refletiram numa falência da maneira tradicional de gerir pessoas exigindo novas formas de gestão para um novo perfil de colaborador: mais autônomo, com mais iniciativa e comprometido com a empresa a partir do valor que esta lhe agrega. Ou seja, " os processos de globalização, a turbulência crescente, a complexidade maior das arquiteturas organizacionais e das relações comerciais, ... levaram as organizações a buscar mais flexibilidade e maior velocidade de resposta" (DUTRA, 2004:13).

Assim, uma nova Era traz aspectos benéficos e outros nem tanto... Pois, simultaneamente, a possibilidade de estar *on line* 24 horas traz conforto ao indivíduo por saber que pode ser localizado em emergências, e saber do que acontece em tempo real. Entretanto, também altera substancialmente o conceito de tempo e a capacidade de espera do sujeito/empresa que passa a querer tudo *on time*, ou seja, imediatamente. Para Cury (2013), esta pode ser uma das causas da Síndrome do Pensamento Acelerado (SPA), conceito que cunhou para representar:

> "uma hiperconstrução de pensamentos, numa velocidade tão alta que estressa e desgasta o cérebro. É o resultado do excesso de atividades e de estímulos sociais que somos submetidos diariamente, e impede o desenvolvimento das funções da inteligência, como refletir antes de reagir, expor e não impor ideias, exercer a resiliência, colocar-se no lugar do outro". (CURY, 2013:78).

Esta contingência moderna também pode contribuir para o que Dutra (2004) chama de efeitos perversos do modelo de competências, ou seja, possíveis efeitos adversos para o indivíduo da exigência contínua por mudanças, melhoria de desempenho e entrega de resultados em contextos cada vez mais complexos. Num modelo de gestão que pode ser apaixonante teoricamente, porém inviável ou estressante na realidade dos indivíduos no trabalho. Dentre esses efeitos o autor destaca a exploração do trabalhador baseada na necessidade de sucessivas entregas de maior complexidade sem o devido reconhecimento, estrutura, recursos ou suporte por parte do gestor e/ou da organização.

Esta desgastante estrutura de pensamento mostra-se muito presente no mundo organizacional dinâmico e competitivo de hoje. Neste sentido, a mesma necessidade de usar equipamentos de alta tecnologia nos processos produtivos, a fim de ganhar competitividade e velocidade/qualidade de produção se traduz, para os processos administrativos e, especialmente, de gestão da empresa nos quais " tempo é dinheiro" e nunca "temos tempo a perder". Neste momento organizacional ganha força a COMPETÊNCIA do trabalhador em fazer mais com menos em tempo recorde, de maneira perfeita e com o máximo de resultado!!! Uau!!! Mas como viabilizar isso??? E quais as consequências disso??

Surgimento do Conceito de Competência e sua aplicabilidade

Os primeiros estudos sobre o termo Competência podem ser atribuídos a McClelland no início da década de 70, quando este autor americano propõe um livro que compara competência com inteligência. Posteriormente, Dutra (2004) retoma este conceito e coloca que as principais mudanças na gestão de pessoas neste dinâmico contexto global foram: perfil do trabalhador (com iniciativa, criatividade e autonomia – competência), foco da gestão passa a ser o desenvolvimento (desenvolvimento individual como base para o desenvolvimento organizacional) e relevância das pessoas para o sucesso da empresa (importância do comprometimento do indivíduo com o crescimento e resultado do negócio).

Assim, um novo contexto mais dinâmico e tecnológico aliado a um indivíduo mais autônomo, crítico e inovador obriga as empresas a um novo pensamento e ação na gestão das pessoas e torna-se terreno fecundo para a aplicação da Gestão por Competências.

Entende-se Gestão por Competência como um conjunto de práticas e políticas relacionadas ao indivíduo na organização e que vão desde sua atração (recrutamento e seleção), sua monitoração (sistemas de banco de dados), passando por sua aplicação num cargo, desenvolvimento pessoal e profissional, possibilidade de crescimento vertical e horizontal na empresa (incluindo outras áreas), reconhecimento e remuneração coerentes com sua entrega/mérito (meritocracia) e adequadas condições de trabalho, vida pessoal e entrega de resultados organizacionais.

Durante muito tempo adotou-se o termo COMPETÊNCIA como resultante da sigla CHA, ou seja, Conhecimento – o saber – Habilidade – o saber fazer – e Atitude – o querer fazer. Entretanto, este conceito por ser relativamente novo, seus primeiros estudos publicados, segundo Dutra (2004), remontam de 1973 com David McClelland, sendo posteriormente estruturado também por Boyatzis (1982), Le Boterf (1994) e Zarifian (1996), até o momento não encontra consenso entre os teóricos do assunto. Assim, sempre surgem novas literaturas sobre o tema com sua própria definição de Competência.

Neste livro optou-se pelo conceito integrador de competência de Dutra (2002: 22) como "a competência pode ser vista como a capacidade de entrega da pessoa e, também, como o conjunto de qualificações que a pessoa possui para entregar".

No quadro abaixo seguem contribuições de outros teóricos ao conceito de competência:

Autor	Conceito de Competência
Zarifian, 2001 (p. 68)	é o tomar iniciativa e o assumir responsabilidade do indivíduo diante de situações profissionais com as quais se depara.
Dutra, Hipólito e Silva (2000: p. 03)	capacidade de a pessoa gerar resultados dentro dos objetivos estratégicos e organizacionais da empresa, traduzindo-se pelo mapeamento do resultado esperado (*output*) e do conjunto de conhecimentos, habilidades e atitudes necessários para o seu atingimento (*input*).
Para Fleury & Fleury (2001 A:. 21)	é um saber agir responsável e reconhecido, que implica mobilizar, integrar, transferir conhecimentos, recursos, habilidades, que agreguem valor econômico à organização e valor social ao indivíduo.
McClelland (*apud* Fleury & Fleury 2001B: 03)	uma característica subjacente a uma pessoa que é casualmente relacionada com desempenho superior na realização de uma tarefa ou em determinada situação.
Parry (1996, apud DUTRA 2004: 29)	*cluster* de conhecimentos, *skills* e atitudes relacionados que afetam a maior parte de um *job* (papel ou responsabilidade) que se correlaciona com a performance do *job*, que possa ser medida contra parâmetros bem aceitos, e que pode ser melhorada através de treinamento e desenvolvimento.
Dutra (2002:22)	a capacidade de entrega da pessoa e, também, como o conjunto de qualificações que a pessoa possui para entregar.

TABELA 1 – Resumo dos conceitos de Competência.

Assim, o dinâmico contexto de mundo e empresa traz consigo grande utilitarismo, ou seja, a necessidade de aplicabilidade e observar resultados em todos os projetos organizacionais. Nesta linha o Conceito de Competência, como pode ser percebido na TABELA 1, se simplifica e assume uma vertente prática e muito aplicada no contexto organizacional. Este modelo tem muitos desafios em sua implementação, porém já é praticado em empresas como: Localiza, Sanasa, Magazine Luiza, CPQD, Unilever e outras. São empresas inovadoras e a aplicabilidade do modelo carece de constante revisão e adequação ao contexto nacional e legislação pertinentes.

Competência como resultado ou entrega

Zarifian (2001:29) já aponta a existência da competência-ação, ou seja, competência como" um entendimento prático de situações que se apoia em conhecimentos adquiridos e os transforma na medida em que aumenta a diversidade das situações".

Para Dutra (2004:29), só existe competência na entrega, "considerar as pessoas por sua capacidade de entrega dá-nos uma perspectiva mais adequada para avaliá-las, orientar seu desenvolvimento e estabelecer recompensas". Em seus estudos nas empresas percebeu a existência de uma "organização subterrânea", os seja, aspectos informais que definiam a forma com as coisas eram feitas fora dos processos formais da empresa e que se baseava na agregação de valor oferecida por cada colaborador. Para ele em " empresas sadias, a agregação de valor é para a empresa ou para o negócio; em empresas patológicas, essa agregação de valor é para um feudo ou para a chefia imediata ou mediata" (DUTRA, 2004:21).

Para Prahalad e Hammel (1990), além das competências individuais também existem as macrocompetências ou, como os autores denominam, *Core Competence*, que são as competências essenciais do que a empresa espera agregar de valor e entregar ao mercado. Essas *Core Competences* são os eixos macro de comportamento da organização e orientadoras de todas as demais competências a serem desdobradas delas, para todos os departamentos, áreas e cargos. Esses autores também afirmam que essas competências são essenciais por decorrerem de três critérios, são eles: entrega diferenciada e superior desejada pelo mercado; são difíceis de serem imitadas; e são percebidas pelo mercado como um diferencial que agrega valor.

Assim, no que tange ao modelo de competência individual não podemos falar apenas de CHA, é preciso falar de CHAE ou CHAR, enquanto um formato de aplicação do modelo de Competência capaz de atender as expectativas crescentes de desempenho e complexidade do cargo por parte da empresa, e também de realização pessoal e bem-estar com o trabalho por parte dos indivíduos. Sendo estas siglas representadas por:

Letra	Significado
C	Conhecimento: conjunto de aspectos acadêmicos e teóricos necessários – SABER
H	Habilidade, conjunto de exigências físicas, psicológicas e intelectuais para a execução da competência – SABER FAZER
A	Atitude, percepção pessoal e interesse em realizar algo – QUERER FAZER*
E/R	Entrega de comportamento ou resultado almejado – FAZER

TABELA 2 – Acrônico de competência proposto
* Vale ressaltar que para TAMAYO (2005) atitude não é uma ação, mas sim uma predisposição para agir, ao contrário do senso comum.

Para Fleury & Fleury (2001B), este todo complexo das competências pode ser sintetizado na figura a seguir, que faz a ligação entre o que e como o indivíduo pode agregar valor à empresa utilizando-se de seu rol de competências.

INDIVÍDUO

CONHECIMENTOS
HABILIDADES
ATITUDES

saber agir
saber mobilizar
saber transferir
saber aprender
saber se engajar
ter visão estratégica
assumir responsabilidades

ORGANIZAÇÃO

social   econômico

AGREGAR VALOR

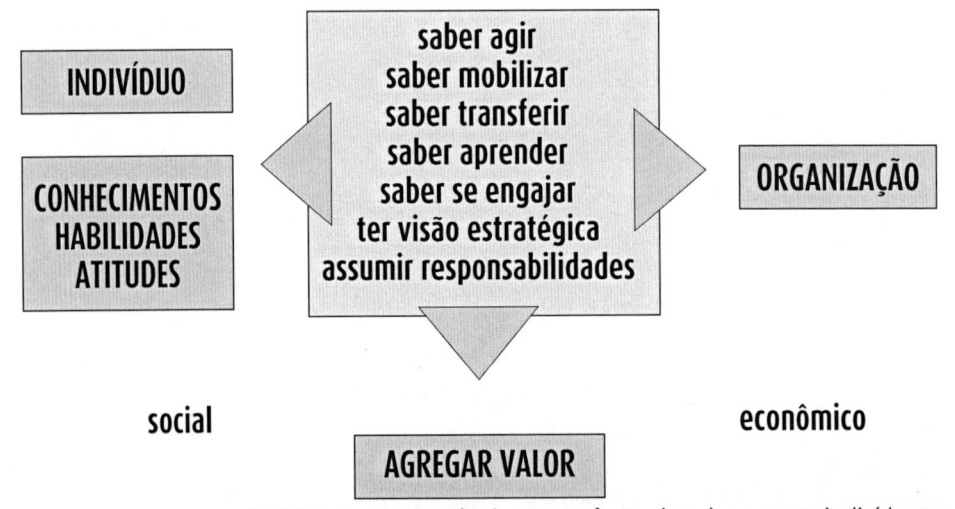

FIGURA 1 – Competências como fonte de valor para os indivíduos e organização. Fleury & Fleury (2001B:4)

Na perspectiva apresentada anteriormente todas as competências individuais e organizacionais podem e devem ser desdobradas até o nível comportamental, por ser este o único nível possível de observação e, assim, a partir dele inferimos a competência, veja no exemplo a seguir:

Competência	Resiliência
Definição	Capacidade individual de receber e digerir situações constantes de *stress*, decepção e pressão no trabalho e manter-se produtivo, focado e bem emocionalmente.
C	Domínio técnico, estratégias de planejamento, negociação, administração de conflito.
H	Autoconhecimento, equilíbrio emocional e foco no longo prazo.
A	Vontade de crescimento, superação e persistência.
E/R	Mostra-se sempre bem-disposto e disponível. Assume desafios de maneira tranquila e positiva. Recebe *feedback* como forma de melhorar seu desempenho.

TABELA 3: Exemplo Prático de Competência

Este exemplo resume a prática possível do desdobramento de uma competência, para que a observação do comportamento sirva como preditora da competência, uma vez não é possível observar diretamente a competência.

Os próximos passos da aplicação do modelo de competências na empresa envolvem: identificar o nível de complexidade necessário em cada cargo e o perfil de competência de cada ocupante do cargo, a fim de, comparar os dois e verificar lacunas e necessidades de desenvolvimento individual para montar um plano individual e/ou o plano de treinamento geral da empresa. Mas isso é assunto para outros capítulos/livros...

Limitações ao uso da Gestão de Pessoas por Competência

Segundo Dutra (2004), o conceito de entrega de competências do indivíduo agregadas ao sucesso do negócio necessita estar associado aos conceitos de complexidade e espaço ocupacional, entendidos como: o primeiro, diferentes níveis de necessidade de entrega das tarefas e cargos no escopo/hierarquia organizacional e, o segundo, como: aspectos tangíveis e intangíveis que permeiam a empresa, seus processos e resultados. Desta forma, faz-se a vinculação necessária entre a entrega essencial do indivíduo (competências individuais) e as necessidades estratégias da organização para sua entrega de valor ao mercado/clientes (Macrocompetências ou *Core Competence*).

Nossa legislação trabalhista com mais de 70 anos não contribui positivamente para a implementação do modelo de Competência. Sendo de maio de 1943 e tendo sofrido poucas alterações significativas desde então, acaba por dificultar a implementação de processos organizacionais mais flexíveis e modernos. Assim, um de seus entraves é a remuneração por competência, pois teoricamente permitiria pagamentos diferenciados, num mesmo cargo, de acordo com a complexidade de entrega de resultado de cada ocupante, o que legalmente esbarra na isonomia salarial (art. 461 da CLT) e esse é somente um dos entraves legais a serem trabalhados na implementação do modelo por competências.

Este capítulo teve por objetivo apresentar resumidamente o conceito e aplicação do modelo de Competências para indivíduos e empresas, bem como suas possibilidades de ampliação do desempenho organizacional e satisfação pessoal. Mostrou-se a possibilidade da ampliação do conceito para destacar a importância da entrega de resultados de forma prática e objetiva. Assim, os indivíduos poderão se desafiar profissionalmente e ocupar diferentes espaços organizacionais, não mais circunscritos apenas à sua formação superior.

Outro objetivo foi mostrar os desafios teóricos e de implementação do Modelo de Competências, pois mesmo sendo cada vez mais implementado nas organizações ainda está em construção teórica e experimentação prática nas organizações.

Em resumo, acredita-se que este é um modelo adequado à dinâmica realidade de mercado e que propiciará às empresas inovadoras se alinharem com as tendências do mercado contemporâneo e suas exigências e mudanças, mas essencialmente proporcionar ao indivíduo maior realização com seu trabalho ao perceber resultados do mesmo para si e para a empresa, além de ter um reconhecimento diferenciado e meritocrático nas empresas sadias. Que assim seja!!!

REFERÊNCIAS BIBLIOGRÁFICAS

CURY, Augusto. Ansiedade: como enfrentar o mal do século: a Síndrome do Pensamento Acelerado: como e por que a humanidade adoeceu coletivamente das crianças aos adultos. Editora Saraiva, 2013.

DUTRA, Joel Souza. Competências: conceitos e instrumentos para a gestão de pessoas na empresa moderna. São Paulo: Atlas, 2004.

_____. Gestão por competências. 2. ed. São Paulo: Gente, 2001.

_____. Gestão de Pessoas: modelo, processos, tendências e perspectivas. São Paulo: Atlas, 2002.

DUTRA, Joel Souza; HIPOLITO, José Antonio Monteiro and SILVA, Cassiano Machado. Gestão de pessoas por competências: o caso de uma empresa do setor de telecomunicações. Rev. adm. contemp.[online]. 2000, vol.4, n.1, pp.161-176

FLEURY, A. C.C. e FLEURY, M. T. L. Estratégias empresariais e formação de competências: um quebra-cabeça caleidoscópico da indústria brasileira. São Paulo: Atlas, 2001A.

_____. Construindo o conceito de competência. Rev. adm. contemp. [online]. 2001B, vol.5, n.spe, pp.183-196.

LIMA, S. M. V & BRESSAN, C. L. Mudança Organizacional: uma introdução. In: LIMA, S. M. V. (org.) Mudança Organizacional: teoria e gestão. Rio de Janeiro: editora FGV, 2003.

PRAHALAD, C. K.; HAMEL, G. The core competence of the corporation. Harvard Business Review, v. 68, n. 3, May/June 1990.

SILVA, J. S. El cambio de época, el modo emergente de producción de conocimiento Y los papeles cambiantes de la investigación Y extensión em la academia del siglo XXI. In: Conferencia Interamericana de Educação Agrícola Superior Y Rural. Anales... Panamá, Instituto Interamericano de Cooperação para a Agricultura (IICA), 1999.

TAMAYO, A. & PORTO, J. B. Valores e comportamento nas organizações. Petrópolis, RJ: Vozes, 2005.

ZARIFIAN, P. Objetivo Competência: por uma nova lógica. São Paulo: Atlas, 2001.

ATRAIR E RETER TALENTOS

Francisco Lindoval de Oliveira

Francisco Lindoval de Oliveira

Profissional de educação desde 2007, é bacharel em Administração (UCB); especialista em PIGEAD (UFF); especialista em Gestão Escolar (Senac SP); especialista em EJA (UFF); especialista em Coordenação Pedagógica e Planejamento (Graduarte) e licenciando em Turismo (UNIRIO).

Presta consultoria de processos educacionais, é tutor presencial de cursos de gestão (administração e tecnólogos), tem longa experiência com Educação a Distância desde 2008. Administra um *blog* de assuntos educacionais. Exerceu atividades administrativo-financeiras e recursos humanos entre 2008 e 2013.

(21) 98775-3875
franciscodeoliveira@oi.com.br
discursosdaeducacao.blogspot.com.br

Definição do termo: o que é talento?

A indefinição do termo "talento", de suas características, e principalmente de políticas dentro das organizações, configura alguns contrastes na prática da gestão de pessoas. Talento pode ser definido com a expertise ou habilidade de desempenhar uma atividade de maneira eficaz. Pode ser desenvolvido ao longo de uma prática exaustiva e constante, diante de situações adversas que impulsionam o indivíduo ou por inclinação própria deste indivíduo que busca resultados. O desenvolvimento de talentos depende de treinamento, disciplina e perseverança para alcançar sua plenitude.

Para McKinsey, talento é o termo que identifica os "melhores e mais brilhantes" (BEECHLER; WOODWARD, 2009), remetendo à noção comum de ser diferente, sendo uma característica de alguns indivíduos apenas. A expressão também foi cunhada por Michaels et al. (2001), os quais consideram talento as habilidades de um indivíduo, incluindo a habilidade de aprender e crescer.

Atrair e reter talentos: os grandes desafios das organizações

Nos últimos tempos, o perfil de colaboradores nas organizações mudou. Muitos não têm almejado a estabilidade, mas os desafios que lhes são propostos. Com a concorrência entre as empresas, impulsionam uma nova cultura no mercado brasileiro, que é a retenção de talentos.

Os recursos para a retenção de bons funcionários vão desde incentivos como bolsas de estudos, planos de previdência privada a participações em ações das empresas.

A atração e retenção de talentos têm sido uma estratégia para a sobrevivência das empresas, fundamentada no clima organizacional e nas expectativas de carreira do colaborador.

Mesmo que a implantação de um programa de retenção de talentos gere um custo, estes não são tão elevados para as organizações, em se tratando de questões essenciais como qualidade de vida e transparência. Além disso, a uma comunicação mais aberta com a cultura de gestão participativa, são essenciais para manter um talento na corporação.

O que as empresas desejam de seus colaboradores?

O saber fazer, e fazer com excelência e comprometimento, são requisitos primordiais que as organizações têm buscado em seus colaboradores e candidatos. Não basta ter um currículo repleto de cursos de qualificação, o fundamental é ter COMPETÊNCIA.

Segundo Fleury (2012), o conceito de competência é pensado como o conjunto de conhecimentos, habilidades e atitudes que justificam um alto desempenho, acreditando-se que os melhores desempenhos estão fundamentados na inteligência e na personalidade das pessoas. Resumindo, competência é o somatório desses três fatores conhecidos como CHA: o conhecimento (o saber conceitual, teórico), a habilidade (o saber fazer, execução, prática) e a atitude (capacidade de gerar os resultados). Ao iniciar uma avaliação de desempenho, tenha em mente este conceito, são as competências que provam e sustentam o desempenho extraordinário em ambientes com foco, dinamismo, transformação e de resultado.

O desenvolvimento de competências está relacionado ao comprometimento que um indivíduo empenha dentro de uma organização. Portanto, sem comprometimento não é possível desenvolver as competências esperadas pelas organizações.

Segundo Bastos (1994), comprometer-se implica sentimento de lealdade em relação a algo e o comprometimento organizacional está relacionado à resposta oferecida em função do tratamento franqueado pela organização, que possibilite oportunidade de desenvolvimento pessoal e profissional. Na mesma linha, Thévenet (1983) afirma que o talento compromete-se com a empresa quando ele encontra oportunidades correspondentes ao projeto e aos objetivos pessoais, bem como ele adere aos valores que constituem a cultura da empresa.

Um estudo de Allen e Meyer (1990) revelou que o indivíduo comprometido terá o comprometimento organizacional vinculado aos comportamentos consequentes, como desempenho no trabalho, absenteísmo, intenção de deixar a empresa e a efetiva rotatividade. Isso produz equilíbrio no comportamento dos colaboradores, tornando o ambiente mais saudável e produtivo, o que, segundo Antunes e Pinheiro (1999) afirmam, conduz à melhoria da produtividade e da competitividade organizacional. E quando Teixeira (2002) diz que o comprometimento surge como diferencial e elemento essencial para o sucesso da estratégia empresarial, porém, sozinho não será capaz de conduzir a empresa à posição vencedora.

O comprometimento fará com que os indivíduos se envolvam nos processos, desenvolvam habilidades para resolver problemas e criar soluções empresariais. Na essência, o comprometimento será o *upgrade* para selecionar talentos em um eventual programa de desenvolvimento de carreiras.

O que os colaboradores desejam de seus empregadores?

Diante dos esforços dos gestores de RH para atrair e reter talentos, as empresas precisam adequar seus modelos de gestão para estarem à frente de seus concorrentes. A principal expectativa dos colaboradores dentro de uma organização é a valorização por parte de seus empregadores, assim produzindo satisfação e autorrealização, mediante a sua força de trabalho. De acordo com Hoffman (1999), hoje a autorrealização no ambiente de trabalho é uma questão estratégica para as empresas. Neste sentido, Abraham Maslow deixou um enorme legado para aqueles que trabalham com a psicologia organizacional, os profissionais de Recursos Humanos e atualmente todos os gerentes e executivos.

> "Quanto mais saudáveis nós somos emocionalmente, mais importantes se tornam nossas necessidades de preenchimento criativo no trabalho.
> Ao mesmo tempo, menos nós toleramos a violação de nossas necessidades para tal preenchimento." Abraham H. Maslow

De acordo com MASLOW (1962), "não se trata de novos truques, macetes ou técnicas superficiais que podem ser usados para manipular mais eficientemente seres humanos. Trata-se, sim, de um conjunto básico de valores ortodoxos sendo claramente confrontados por outro sistema de valores mais moderno, mais eficiente e verdadeiro. Fala-se aqui das consequências verdadeiramente revolucionárias da descoberta de que a natureza humana tem sido desvalorizada".

Maslow propôs uma divisão hierárquica das necessidades em uma pirâmide, segundo os critérios que levam um indivíduo à motivação para a plena realização, e divide em cinco o conjunto de necessidades descritas nessa pirâmide.

A primeira divisão na base da pirâmide são as necessidades fisiológicas, que englobam respiração, comida, água, sexo, sono, homeostase, excreção e lazer. A segunda, logo acima, corresponde às necessidades de segurança, que são segurança do corpo, do emprego, de recursos, da moralidade, da família, da saúde e da propriedade. A terceira, no meio da pirâmide, corresponde às necessidades sociais ou de amor, tratam de amizade, família e intimidade sexual. A quarta, logo acima, são as necessidades de estima que correspondem a autoestima, confiança, conquista, respeito dos outros e respeito aos outros. Por fim, a quinta diz respeito às necessidades de autorrealização, tratando autonomia, criatividade, espontaneidade, soluções de problemas, participação nas decisões, ausência de preconceitos e aceitação dos fatos.

A figura 1 ilustra didaticamente como as necessidades se correlacionam na hierarquia das necessidades.

Figura 1. Pirâmide de Maslow
Fonte: https://www.tes.com/lessons/jV8sLBqri0CbOQ/piramide-de-maslow

A importância do líder na retenção de talentos nas organizações

Para Kaye e Jordan-Evans (2000), o papel principal do profissional de Recursos Humanos é direcionar a guerra do talento, de acordo com o interesse da organização. Reter talentos passou a ser vantagem competitiva para as organizações no mundo moderno, e esse processo nas empresas que desejam sair vitoriosas na disputa contra a concorrência deve obrigatoriamente ter como principais responsáveis as lideranças, com a assessoria do setor de Recursos Humanos.

Michaels, Handfield, Axelrod (2002) lembram que para se ter os melhores talentos é preciso que todos os líderes da empresa estejam comprometidos com isso, o que inclui a responsabilidade de formá-los.

O grande desafio então é identificar, por intermédio de entrevistas, se os líderes atuais na organização influenciam positiva ou negativamente na retenção das pessoas talentosas e sugerir ações que poderiam ser implantadas para aumentar a satisfação, e por fim, motivar as pessoas a permanecerem na empresa. Michelman (2000) afirma que outra poderosa influência de retenção é o líder proporcionar o trabalho que melhor atende aos interesses particulares dos indivíduos. Para ele, os indivíduos diferem enormemente nas considerações.

O ciclo de gerenciamento de pessoas

O ciclo de gerenciamento de pessoas, o que podemos também chamar de Ciclo de Gente, é um sistema de desenvolvimento, treinamento e avaliação de carreiras que prevê doses adequadas de elementos desafiadores e de oportunidades de crescimento aos funcionários, remunerados com base na meritocracia e em avaliações individuais. Inclui seis etapas, a saber: atração, desenvolvimento, acompanhamento, reconhecimento, manutenção e gestão (gerenciamento). Essas etapas podem ser vistas no esquema a seguir:

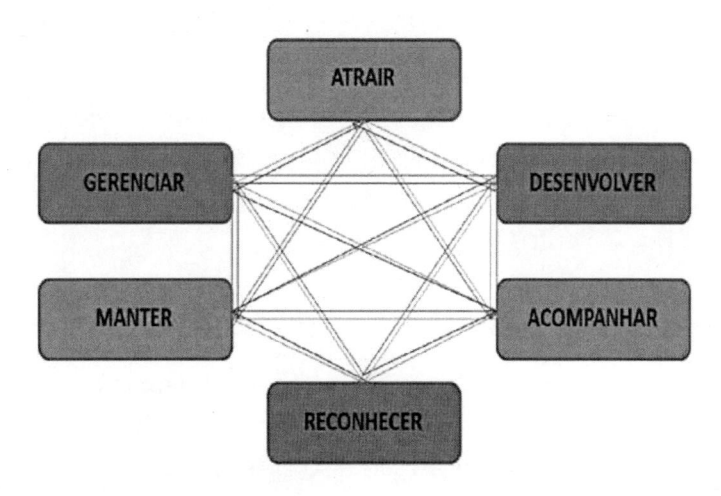

Figura 2. Ciclo de Gerenciamento de Pessoas

Com base nas novas concepções sobre os trabalhadores, os gestores começam a perceber que esses indivíduos são parceiros da organização e não apenas recursos que podem ser renovados a qualquer momento. Neste processo, todos ganham: o funcionário, o seu gestor imediato e a organização.

Aprendizagem organizacional

O treinamento é uma forma de desenvolver competências organizacionais nas pessoas para que elas sejam mais produtivas, criativas e inovadoras, com o intuito de melhorar os objetivos da organização e se tornarem cada vez mais valiosas. Tarapanoff (2011) define competências organizacionais como a capacidade de combinar, misturar e interagir recursos em produtos e serviços. Seu desenvolvimento tem como objetivo melhorar o desempenho organizacional, conferindo diferenciação e competitividade à empresa.

Os treinamentos, portanto, caracterizam a aprendizagem organizacional e podem ser realizados dentro e fora do ambiente de trabalho em forma de palestras, *workshops*, estudos de casos, cursos, visitas técnicas, seminários, congressos e sistema de rodízio entre setores, conhecidos como *job rotation*.

Atualmente as organizações investem muito na evolução do capital humano, um exemplo na atualidade são as chamadas universidades corporativas, que tiveram origem nos Estados Unidos e serviram de modelo para o Brasil.

As universidades corporativas têm o poder de proporcionar aos funcionários e gestores uma capacitação específica, que possui ligação com os objetivos e estratégias institucionais. Elas surgem, então, como um canalizador de competências, que não só desenvolve mas também identifica em seus programas os talentos das organizações.

Gestão do conhecimento

Chiavenato (2010) diz que "a gestão do conhecimento refere-se à criação, identificação, integração, recuperação, compartilhamento e utilização do conhecimento dentro da empresa". Isso significa que o conhecimento deve ser compartilhado por multiplicadores a fim de gerar valor agregado à competitividade. Quando os funcionários estão cada vez mais qualificados e preparados para o mercado de trabalho, eles se sentem seguros e estabilizados porque as próprias empresas sentem a aderência e a cultura de dono que seus colaboradores demonstram e os valorizam ao longo do tempo.

Retenção de talentos nas organizações

Como parte da política de gestão estratégica das organizações, a retenção de talentos é um programa de fidelização de colaboradores em que as organizações oferecem meios atrativos de crescimento e incentivos, além de desenvolvimento pessoal e profissional.

Os programas de retenção de talentos têm o objetivo de diminuir perdas de colaboradores para empresas do mesmo segmento ou de outros, aproveitando o espaço corporativo em que os mesmos trabalham em equipe.

Para a estruturação do programa de retenção de talentos, algumas necessidades são observadas: falta de um plano de carreira; rotatividade excessiva de pessoal; colaboradores desmotivados; necessidade de reter talentos; e necessidade de qualificação de pessoal. Com tudo isso, a prioridade do programa de retenção torna-se eminente, já que fidelizar, reter profissionais excelentes pode alavancar o crescimento da empresa perante o mercado.

Depois de implantado o programa, os resultados esperados são a diminuição do *turnover*, confiança e credibilidade da empresa diante de seus colaboradores, satisfação e motivação dos colaboradores, maior visibilidade da empresa no mercado em que atua.

Conclusão

Com tudo que vimos até aqui, podemos concluir que os programas de retenção de talentos são os maiores incentivadores para a manutenção de colaboradores talentosos em potencial, que podem agregar valor à empresa, e terem altos cargos no futuro. Para tanto, é preciso entender as demandas das necessidades essenciais dos colaboradores.

Não há possibilidade de gerir pessoas sem entendê-las e se colocar no lugar delas, diante de suas necessidades e limitações. Há possibilidades de resgatar um colaborador em potencial, e fazê-lo progredir. Não são recompensas financeiras, em muitos casos, que motivam os colaboradores. Dar segurança, autonomia, voz participativa e conhecimento são as principais chaves que fazem um colaborador "vestir a camisa da empresa", assumir a cultura de dono.

Programas de meritocracia, desenvolvimento de liderança, avaliações de desempenho frequentes também se tornam instrumentos incentivadores para que os talentos já existentes e aqueles que desejam integrar ao rol de colaboradores talentosos de uma empresa mantenham-se fiéis à sua organização e sintam o prazer de trabalhar nela, como parte do capital humano, que contribui para o crescimento e desenvolvimento no mercado atuante.

REFERÊNCIAS BIBLIOGRÁFICAS

ALLEN, N.J.; MEYER, J. P. The measurement and antecedents of affective, continuance and normative commitment to the organization. Journal of Occupational Psychology, 63, 1-18, 1990.

ANTUNES, Elaine; PINHEIRO, Ivan. Sistema de promoção e avaliação do programa de qualidade em países de capitalismo tardio. In: Vieira, Marcelo M.F., Mario B. (organizadores). Administração Contemporânea – Perspectivas estratégicas. São Paulo, 1999.

BASTOS, Antonio V. Bittencourt. Comprometimento no trabalho: a estrutura dos vínculos do trabalhador com a organização, a carreira e o sindicato. Tese de Doutorado. Brasília, DF: Instituto de Psicologias, UNB, 1994.

BEECHLER, Schon; WOODWARD, Ian C. The Global Talent War. 2009.

CHIAVENATO, Idalberto. Gestão de Pessoas. 3ª ed. Rio de Janeiro: Elsevier, 2008.

CHIAVENATO, Idalberto. Gestão de Pessoas: o novo papel dos recursos humanos nas organizações 3ª ed. Rio de Janeiro: Elsevier, 2010.

FLEURY, Maria Teresa Leme. A gestão da competência e a estratégia organizacional, In: _____. (Coord.). As pessoas na organização. São Paulo: Gente, 2012.

HOFFMAN, A. J. Institutional evolution and change: environmentalism and the US chemical industry. In Academy of Management Journal. Mississippi State, Academy of Management. V. 42. Aug. 1999.

KAYE, Beverly; JORDAN-EVANS, Sharon. Retention: Tag, you're it! Training & Development, p. 29-34, April, 2000.

MASLOW, A. H. Maslow no Gerenciamento. Rio de Janeiro, Qualitymark, 2000.

MICCHELMAN, Paul. Why retention should become a core strategy now. Harvard Management Update. p. 3-6, October, 2003.

MICHAELS, Ed; HANDFIELD-JONES, Helen; AXELROD, Beth. A guerra pelo talento: o talento como diferencial estratégico entre as empresas. Rio de Janeiro: Ed. Campus, 2002.

TARAPANOFF, Kira. Aprendizado organizacional: fundamentos e abordagens multidisciplinares. Vol 1. Curitiba: Ibepex, 2011.

TEIXEIRA, Edílson Gonçalves. Tese de Mestrado sobre o Estudo dos efeitos dos planos de participação nos lucros ou resultados sobre a lucratividade nas indústrias químicas brasileiras. São Paulo: Universidade Presbiteriana Mackenzie, 2002.

THEVENET, M. La reforme d'ume époque: l'expression des salaries. Revue Française de Gestion. n. 40, p. 18-34. March/April, 1983.

GESTÃO DE TALENTOS PARA POTENCIALIZAR A GESTÃO DO CONHECIMENTO

Jacqueline de Sá Leitão

Jacqueline de Sá Leitão

Doutora pela Universidade Federal de Santa Catarina em gestão do conhecimento. Mestre pela Universidade de Brasília em Psicologia social e do trabalho. Bacharel, com licenciatura em Psicologia pela Universidade Federal do Ceará. Professora em MBA nos temas: Cultura e Clima Organizacional, Gestão do Conhecimento, Gestão de Competências, Trabalho em Equipe, Liderança e Gestão de Desempenho. Consultora em diagnósticos organizacionais e melhoria do trabalho em equipe. Analista da EMBRAPA em temas relacionados à Gestão Estratégica.

(61) 3448-4907 / (61) 9161-2829
jacquelineleitao@gmail.com

"A essência do conhecimento consiste em aplicá-lo, uma vez possuído."
Confúcio

Gestão do conhecimento nas Organizações

Em épocas de grandes avanços científicos e tecnológicos, o tema Gestão do Conhecimento é evidenciado ao apresentar soluções práticas para as organizações atuarem com competência para melhor aproveitamento de seus ativos intangíveis.

A valorização do conhecimento remonta tempos atrás, ao menos à época de filósofos como Platão e Aristóteles, que enfatizavam a importância e o valor do saber para a humanidade. Inteligência estava ligada ao conhecer, seja a si mesmo, ao mundo ou à existência.

Nas organizações, o ponto de partida para melhor compreender o conhecimento está além das patentes ou do conhecimento incorporado nos artefatos humanos. Envolve o conhecer revelado na solução de problemas e nas práticas produtivas de indivíduos e grupos na organização[1].

Esse conhecimento, que está presente em toda a organização, necessita ser gerenciado visando o alcance das metas organizacionais e tornando produtivo o fator conhecimento, conforme defende Beijerse (2000).

O conhecimento e as pessoas

Mas, o que é conhecimento? De acordo com Crawford (1994, p. 21), "conhecimento é a capacidade de aplicar a informação a um trabalho ou a um resultado específico. E, somente os seres humanos são capazes de aplicar dessa forma a informação por meio do cérebro ou das suas habilidosas mãos". Assim, o conhecimento constitui-se no "fator de produção mais importante na economia da informação"[2] e reside na mente dos indivíduos.

Nessa direção, é coerente considerar que o conhecimento, sendo do homem, é subjetivo e pessoal, fruto da relação deste com seu meio, e envolve sentimentos pessoais e compromisso com o objeto do saber. Com esse raciocínio, Polanyi (1962) já propunha a existência do conhecimento tácito, embasado pela ideia de que sabemos mais do que realmente conseguimos. Por isso, o conhecimento não é distribuído de modo uniforme em uma organização[3], sendo um desafio organizacional compartilhá-lo[4].

---

1. SPENDER (2001).
2. SOUTO (2014, p. 154).
3. WANG; WANG; LIANG (2012).
4. O'DELL; GRAYSON (1998).

Esse conhecimento tácito, de acordo com Spender (2001), possui três componentes: consciente, automático e coletivo. O componente consciente é mais fácil de ser codificado, já que o indivíduo sabe explicar o que está fazendo. O componente automático é de mais difícil codificação uma vez que o indivíduo não tem consciência de como está realizando o trabalho. E o componente coletivo diz respeito àquele desenvolvido pelo indivíduo, compartilhado por outros e gerado em um ambiente social específico.

A existência do conhecimento é percebida na forma como a realidade é representada, que é própria do indivíduo e/ou do grupo do qual faz parte, que gera e é produto de uma "crença verdadeira justificada"[5]. Essa crença se materializa na "capacidade de agir" que pode ser vista na prática. Assim, ao contrário dos bens tangíveis, o conhecimento cresce cada vez que é utilizado e deprecia quando não utilizado.

É, pois, necessário que a organização se aproprie dessa forma de fazer e resolver que existe ricamente nas equipes com o intuito de buscar maior eficiência em seus processos e melhor efetividade em seus objetivos. Para gerenciar todo esse conhecimento deve-se saber como ocorre sua identificação, geração e o seu compartilhamento na empresa, quando será possível definir estratégias adequadas à realidade própria da organização.

Fatores constituintes da Gestão do Conhecimento

Em relação aos fatores que facilitam a gestão do conhecimento, Beijerse (2000) propõe um modelo que considera que, para que seja possível adquirir, proteger, avaliar e desenvolver o conhecimento, são necessárias estratégia, estrutura e cultura. Estratégia para identificar o conhecimento necessário à organização. A estrutura recomendada deve ser simplificada, flexível, horizontal e descentralizada para o desenvolvimento, a aquisição e retenção do conhecimento. A cultura da empresa deve envolver a abertura, flexibilidade e inclinação para correr riscos. Nesse contexto, é relevante a forma como as pessoas são motivadas e reforçadas por seus líderes a compartilhar, devendo haver condições de tempo e estímulo da organização para quem entra nesse processo.

No sentido inverso, a ausência dessas variáveis apontadas por Beijerse (2000) dificulta a criação de uma organização baseada em conhecimento, conforme concluiu Chase (1997) em ampla pesquisa realizada com

143 organizações. Os resultados do estudo apontam como principais barreiras à gestão do conhecimento a falta de reconhecimento do problema, falta de tempo, uma estrutura organizacional inadequada, a falta de comprometimento da alta gerência, um sistema de recompensas inadequado, a ênfase no indivíduo mais do que na equipe.

O direcionamento do conhecimento individual para os interesses da empresa não se restringe à utilização de tecnologias de comunicação modernas e ágeis, embora estas sejam grandes facilitadoras. Pressupõe, além disso, um ambiente de compartilhamento, transformação e interação entre os membros da organização.

Considerando que uma das formas mais adequadas de compartilhar conhecimento é a transferência de melhores práticas, O'Dell e Grayson (1998) propõem um Modelo de Transmissão de Melhores Práticas, apresentado na figura 1. Melhores práticas podem ser definidas como "aquelas práticas que produziram resultados excelentes em outra situação e que poderiam ser adaptadas para a nossa situação"[6].

O Modelo indica a observação de três aspectos: existência de um propósito de transferência (ou compartilhamento) claramente definido; de ambiente propício à transmissão que deve considerar quatro viabilizadores (tecnologias de informação, cultura, sistema de medição e infraestrutura organizacional); e existência de planejamento do projeto de implantação de um sistema de transmissão.

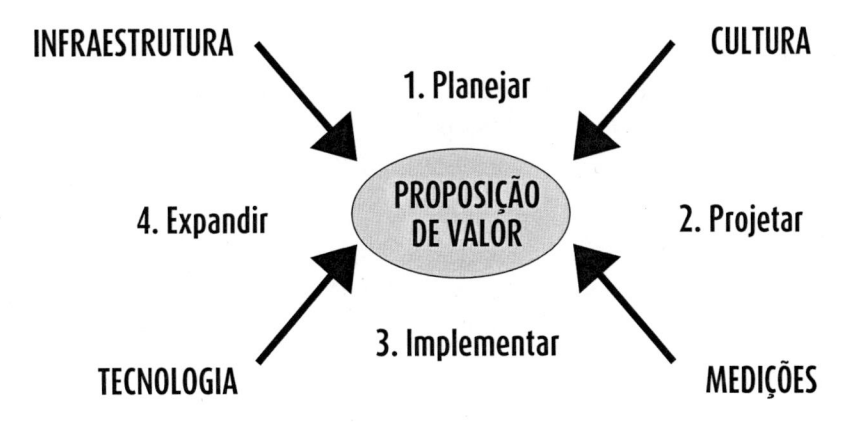

Figura 1 - Modelo de Transmissão de Melhores Práticas
Fonte: O'Dell e Grayson (1998, p. 31).

---

6. O'DELL e GRAYSON (1998, p. 31)

Avançando no Modelo proposto por Beijerse (2000), os autores trazem outras variáveis como a necessidade de tecnologias e infraestrutura que facilitem a transferência, o controle sobre o que foi transferido, que deve ser medido para evidenciar o impacto do compartilhamento ou da transferência de conhecimento na organização.

Compartilhamento de conhecimento como estratégia de gestão

O compartilhamento de conhecimento é, pois, uma das questões centrais na gestão do conhecimento[7] enquanto uma das maneiras mais eficientes e eficazes de gerir os recursos do conhecimento. Pode ser influenciado por questões de três níveis: individual, grupal e organizacional[8].

O nível individual é influenciado por expectativas, valores, atitudes, percepção, personalidade, emoções, sentimentos, disposição e motivação dos indivíduos para compartilhar[9]. Para Yeon, Wong e Chang et al. (2015), as motivações intrínsecas e extrínsecas influenciam na intenção individual de compartilhar conhecimento e é necessária a habilidade de comunicação adequada associada à utilização de ferramentas cognitivas eficientes[10]. Por exemplo, indivíduos com modelos mentais semelhantes são mais propensos a compartilhar conhecimento do que aqueles que divergem nesse sentido[11]. No nível grupal, o compartilhamento é impactado por elementos relativos à dinâmica de trabalho dos grupos, ao estilo de liderança, ao grau de confiança existente, dentre outros[12]. É nesse ambiente coletivo que a criatividade e a compreensão mútua podem ser estimuladas, provocando *insights*[13] fundamentadas no conhecimento do outro[14].

O nível organizacional está relacionado à estratégia, ao modelo de gestão[15], à estrutura organizacional, aos processos operacionais, à cultura[16], às políticas e às práticas de recursos humanos[17]. Envolve ainda a viabilidade econômica do compartilhamento, falta de infraestrutura e recursos[18].

Faz-se necessário lembrar que uma das dificuldades para a transferência de conhecimento é que esta pressupõe que as pessoas mudem sua

---

7. DUGUID e BROWN (2001)
8. NONAKA; TAKEUCHI (1997), ROBBINS (2004), AJMAL; KOSKINEN (2007)
9. ROBBINS (2004)
10. SOUTO (2014)
11. LEANA e PIL (2006)
12. ROBBINS (2004)
13. GONG; KIM; ZHU et al.(2013)
14. HUANG; HSIEH e HE (2014)
15. KROGH; ICHIJO; NONAKA (2001)
16. TERRA (2001)
17. ROBBINS (2004)
18. RIEGE (2005)

maneira de fazer as coisas por outra cuja garantia de sucesso não é certa[19]. Constitui-se, pois, um processo de tomada de decisão permeado por aspectos cognitivos que estão relacionados aos níveis individual e grupal.

Para melhor compreensão do contexto cognitivo que envolve a tomada de decisão, Fialho (2001) afirma que "o homem existe em um meio ambiente, sobre o qual atua criando uma cultura. Assim, conhecer é operar sobre a cultura em que se vive, modificando o meio ambiente e transformando-se a si próprio no processo" (p. 14). Nessa perspectiva, a cognição pode ser vista como possuindo uma função biológica (que é interna ao indivíduo e mantém sua organização); uma função pedagógica (resultante da inserção e acoplamento do indivíduo ao seu ambiente) e uma função de observador que, resultante da articulação entre as outras duas funções faz surgir "uma forma de ver, pensar e explicar o mundo"[20].

A ideia de Fialho (2001) baseia-se na estrutura definida por Maturana e Varela (2001) que afirmam que os sistemas sociais, tais como os sistemas biológicos, são autopoiéticos, isto é, são ao mesmo tempo produtores e produtos do meio.

Os autores afirmam que "todo fazer é um conhecer e todo conhecer é um fazer" (p. 31), trazendo uma densa reflexão sobre a relação circular existente entre o sujeito e seu meio, que se influenciam mutuamente a cada momento produzindo um novo conhecimento. Assim, seria impossível não associar o sujeito ao seu meio, o que remete à importância deste na decisão do indivíduo sobre compartilhar conhecimentos.

Estratégias de Gestão de Pessoas e a Gestão do Conhecimento

Considerando que as organizações não podem prescindir dos processos de transferência ou compartilhamento de conhecimento, que ocorrem de maneira formalizada ou não, a melhor forma de lidar com esta questão é incentivar a troca espontânea, criando um ambiente denominado por Krogh, Ichijo e Nonaka (2001) de ambiente de solicitude, onde lidar com o conhecimento seja prioridade e faça parte da rotina da organização por meio de práticas formais e informais de compartilhamento.

As reuniões face a face são consideradas os melhores canais de transferência de conhecimento, principalmente do tácito que, por ser mais ambíguo, é mais difícil de ser transferido. A troca por meio da conversa pode

---
19. LUCAS (2005)
20. FIALHO (2001, p.15)

ser produtiva, levando a novas aplicações do conhecimento e até criação de ideias relevantes e aplicáveis à organização[21]. Essa visão é reforçada por Lucas (2005) que, em pesquisa em empresas públicas, concluiu que, "embora avanços nos sistemas de comunicação tenham acelerado a troca de informações, eles não podem substituir a interação entre as pessoas e os benefícios associados ao contato face a face"[22].

Nessa direção, muitas empresas têm estimulado situações informais em que seus empregados possam conversar sem um objetivo definido previamente, pautadas pela crença de que conversar é uma estratégia fundamental na gestão do conhecimento[23].

Os gestores devem promover o compartilhamento do conhecimento encorajando o diálogo, despertando a confiança entre os integrantes da equipe, comunicando os benefícios e valores das práticas de compartilhamento do conhecimento[24] e implantando um sistema de reconhecimento e recompensa que motive o compartilhamento[25]. Cunha e Ferreira (2011) sugerem estratégias como seleção adequada dos gestores e participantes das equipes envolvidas, patrocínio de programas de viagens, visitas, reuniões e outras atividades de socialização, que motivam os participantes e estimulam a confiança entre as equipes.

O conhecimento pode ser ampliado por meio de discussões, compartilhamento de experiências e observação. Os membros de uma equipe criam novas perspectivas por meio do diálogo e do debate. Esse diálogo pode envolver conflitos e divergências, mas é exatamente esse conflito que impulsiona as pessoas a questionarem as premissas existentes e a compreenderem suas experiências de uma nova forma[26].

Confirmando essas ideias, outros estudos têm apontado que um clima colaborativo, sem competição, onde haja confiança mútua entre os empregados, é facilitador do compartilhamento de informações e conhecimentos[27].

---

21. DAVENPORT e PRUSAK (1998)
22. LUCAS (2005 p. 87)
23. KROGH, ICHIJO e NONAKA (2001)
24. DAVENPORT (1998), RIEGE (2005)
25. RIEGE (2005) e BOER; BERENDS; BAALEN (2011)
26. NONAKA e TAKEUCHI (1997, p. 14)
27. RUGGLES (1998); TSAI e GHOSHAL (1998) e TYNAN (1999)

Recomendações para potencializar a Gestão do Conhecimento por meio da Gestão de Talentos

As ideias apresentadas neste capítulo remetem a considerar que não há meio mais eficaz para a criação do conhecimento do que as relações estabelecidas por aqueles que fazem parte de uma organização e da sociedade como um todo. Por meio das relações é possível estabelecer construções mais completas sobre os fenômenos observados, uma vez que envolvem o compartilhamento de cognições múltiplas, que juntas compõem uma análise robusta das situações e proporcionam soluções mais criativas e efetivas.

Significa que a gestão de pessoas deve estar alinhada às necessidades da organização quanto ao gerenciamento dos conhecimentos tácitos e explícitos existentes, para que estes sejam exteriorizados, compartilhados e internalizados na empresa, gerando inovações de impacto. Para isso, é necessário o desenvolvimento de uma cultura de confiança, em que as pessoas sintam-se confortáveis em expor sua forma de fazer e sentir, possibilitando trocas ricas em soluções para dificuldades e desafios enfrentados pela organização. Os meios para isso são indicados pelos autores citados, mas é recomendado que as oportunidades de compartilhamento que surgem naturalmente entre as equipes sejam facilitadas e potencializadas para a criação do que Krogh, Ichijo e Nonaka (2001) chamam de ambiente de solicitude.

REFERÊNCIAS BIBLIOGRÁFICAS

AJMAL, M. M.; KOSKINEN, K. U. Knowledge Transfer in Project-Based Organizations: An Organizational Culture Perspective. Project Management Journal. v. 39, n. 1 p. 7-15, 2007.

BEAZLEY, H.; BOENISCH, J.; HARDEN, D. Continuity Management: Preserving Corporate Knowledge and Productivity When Employees Leave. Hoboken: Ed. John Wiley & Sons, 2002.

BEIJERSE, R.P. Knowledge management in small and medium-sized companies: knowledge management for entrepreneurs. Journal of knowledge Management, v. 4 (2), 162-179, 2000.

BOER, N. I.; BERENDS, H. e BAALEN, P. V. Relational models for knowledge sharing behavior. European Management Journal, v. 29, p. 85–97, 2011.

CHASE, R.L. The knowledge-based organization: an international survey. The Journal of Knowledege Management. Vol. 1 (1), set. 1997.

CRAWFORD, R. Na Era do Capital Humano: o talento, a inteligência e o conhecimento como forças econômicas, seu impacto nas empresas e nas decisões de investimentos. São Paulo: Editora Atlas, 1994.

CUNHA, A. J. M.; FERREIRA, M. A. T. Transferência de conhecimento em empresas multinacionais - estudo de caso na indústria de papel. Perspectivas em Ciência da Informação, v. 16, n. 4, p. 95-118, out./dez. 2011.

DAVENPORT, T. H. Ecologia da Informação: por que só a tecnologia não basta para o sucesso na era da informação. São Paulo: Futura, 1998.

DUGUID, P. & BROWN, J. L. Estrutura e espontaneidade: conhecimento e organização in FLEURY, M. T. L. & OLIVEIRA Jr., M. M. Gestão Estratégica do Conhecimento: integrando aprendizagem, conhecimento e competências. São Paulo: Editora Atlas, 2001.

FEINBERG, R.A; JEPPESON, N. Validity of exit interviews in retailing. Journal of Retailing and Consumer Services, Philadelphia, v. 7, n. 3, p. 123-127, jul. 2000.

GONG, Y.; KIM, T. Y.; ZHU, J. e LEE, D. R. A multilevel model of team goal orientation, information exchange, and creativity. Academy of Management Journal, v. 56, p. 827–851, 2013.

HUANG, X.; HSIEH, J. J. P.A. e HE, W. Expertise Dissimilarity and Creativity: The Contingent Roles of Tacit and Explicit Knowledge Sharing. Journal of Applied Psychology, v. 99, n. 5, p. 816–830, 2014.

LUCAS, L. M. The Impact of Trust and Reputation on the Transfer of Best Practices. Journal ok Knowledge Management, v. 9 (4), 87-101, 2005.

KROGH, G; ICHIJO, K. & NONAKA, I. Facilitando a Criação de Conhecimento: reinventado a empresa com o poder da inovação contínua. Rio de Janeiro: Ed. Campus LTDA, 2001.

MASSINGHAM, P. Measuring the Impact of Knowledge Loss: more than ripples on a pond? Management Learning, Wollongong, Austrália, v. 39, n. 5, p. 541-560, Nov. 2008.

NONAKA, I. e TAKEUCHI, H. Criação de Conhecimento na Empresa. Rio de Janeiro: Ed. Campus LTDA, 1997.

O´DELL C. & GRAYSON, C. J. If only we know what we know: identification and transfer of internal best practices. California Management Review, vol. 40, n° 3, spring, 1998.

POLANYI, M. Personal Knowledge: towards a post-critical philosophy. London: British Library, 1962.

RIEGE, A. Three-dozen knowledge-sharing barriers managers must consider. Journal of Knowledge Management. v. 9, n. 3, p.18-35, 2005.

ROBBINS, S. P. Comportamento organizacional. São Paulo: Prentice Hall, 2004.

RUGGLES, R. The State of The Notion: knowledege management in practice. California Management Review, v. 40 (3), 1998.

SOUTO, L. F. Gestão da informação e do conhecimento: prática e reflexões. 1ª ed. Rio de Janeiro: Interciência, 2014.

SPENDER, J. C. Gerenciando sistemas de conhecimento. In: FLEURY, M. T.; OLIVEIRA JR., M. M. (Org.). Gestão estratégica do conhecimento: integrando aprendizagem, conhecimento e competências. São Paulo: Atlas, p. 27-49, 2001.

SVEIBE, K.E. A Knowledge-based Theory of the Firm to Guide in Strategy Formulation. Journal of Intellectual Capital, vol. 2, 4, 344-358, 2001.

TSAI, W. e GHOSHAL, S. Social Capital e Value Creation: the role of intrafirm networks. Academy of Management Journal, v. 41 (4), 464-476, 1998.

TYAN, S.A. Best Behavior. Management Review. V. 88 (10), 58-61, 1999.

YEON, K.; WONG, S. F.; CHANG, Y.; PARK, M.C. Knowledge sharing behavior among community members in professional research information centers. Information Development, p. 1-18, 2015.

VILAS BOAS, A. A.; ANDRADE, R. O. B. Gestão Estratégica de Pessoas. Rio de Janeiro: Elsevier, 2009.

WANG, Z.; WANG, N.; LIANG, H. Knowledge sharing, intelectual capital and firm performance. Management Decision, v. 52, n. 2, p. 230-258, 2014.

9
GESTÃO DE PESSOAS COMO CENTRO DE RESULTADOS ORGANIZACIONAIS

Lígia Momm

Lígia Momm

Pedagoga Licenciada e Habilitada em Administração Escolar pela UNIPLAC – Universidade do Planalto Catarinense; mestre em Engenharia de Produção com ênfase em Gestão de Negócios pela UFSC – Universidade Federal de Santa Catarina; diretora da ABRH Associação Brasileira de Recursos Humanos – Regional Florianópolis por sete anos; palestrante, professora em pós-graduação – *Master Business Administration*.

Atua há mais de 20 anos no mercado na área de Gestão de pessoas em empresas de porte como também em diversas instituições de ensino superior.

Consultora empresarial, desenvolve projetos organizacionais e atua com capacitação empresarial com foco em formação de líderes e desempenho de equipes.

(48) 9921-1772
ligia.momm@hotmail.com

> "Você pode sonhar, projetar, criar e construir o lugar mais maravilhoso do mundo, mas é preciso pessoas para tornar o sonho realidade."
> Walt Disney

De fato as organizações nascem, existem e sobrevivem com a responsabilidade e objetivo de atender as demandas da sociedade e do mercado. O desafio constante neste cenário de instabilidades e oportunidades que representa o momento desta grande aldeia global passou a ser a grande flexibilidade e dinamismo nos diversos processos organizacionais que vão desde a capacidade constante de inovação e adaptação até uma cultura que certamente defina padrões que norteiem valores e procedimentos, mas que não impeça que as empresas busquem o reposicionamento necessário com estratégias voltadas à inovação e otimização dos processos. É com base neste cenário extremamente dinâmico e competitivo que as organizações devem estar estruturadas e alinhadas estrategicamente.

Além de toda esta versatilidade, para as que empresas possam seguir adiante com sucesso em suas perspectivas de negócios é necessário cada vez mais que o ambiente organizacional seja composto por times competentes. Aliar as estratégias do negócio bem como suas competências organizacionais à atração e valorização de competências individuais compatíveis e que venham agregar a este negócio poderá resultar em uma estratégia de sucesso.

Nesta perspectiva de dinamismo organizacional a área de Gestão de Pessoas representa cada vez mais um grande coadjuvante no processo de encurtar os caminhos para que as organizações alcancem sucesso em suas perspectivas, quer sejam elas desenhadas através de um planejamento estratégico estruturado, ou até mesmo de suas aspirações e objetivos. O grande desafio passa a ser o alinhamento das estratégias da área de gestão de pessoas às estratégias e objetivos da organização, para que possam percorrer este caminho na busca de resultados de forma paralela e sincronizada.

Este alinhamento estratégico de processos somado à capacidade que a área de gestão de pessoas terá para mobilizar as pessoas, levando-as a compreender e agir de forma eficiente dentro desta nova dinâmica que o mercado exige das organizações, será um grande diferencial competitivo.

Lígia Momm

A gestão de pessoas passada a limpo

"As pessoas são os atores das organizações."
Francisco Lacombe

Os modelos de gestão de pessoas vêm sendo delineados ao longo da história pelas políticas e práticas inerentes aos mesmos, no entanto, o empenho em transformar a gestão de pessoas em uma área estratégica não é algo recente. Este setor, que deveria ser uma alavanca de ações estratégicas desenvolvidas com base nos objetivos organizacionais ainda assume funções eminentemente burocráticas e operacionais dentro de muitas organizações, em ambientes onde a relação com os empregados costuma girar em torno de um processo arcaico de submissão e controle.

No entanto, a área vem passando por transformações positivas ao longo da história por conta de diversos fatores. RIBEIRO (2006) salienta que as transformações políticas, sociais e econômicas ocorridas no país a partir da década de 30 do século passado trouxeram como consequência o início de um processo de industrialização, com a criação de um grande número de organizações privadas e governamentais. As relações de trabalho se tornaram consequentemente mais complexas com o surgimento de novas atividades comerciais, industriais e de serviços. Esses fatos acabaram por determinar a necessidade de as empresas passarem a contar com profissionais especializados nas funções de recursos humanos.

TEIXEIRA (2007) e ZACARELLI (2007) destacam que o século XX apresentou inúmeras transformações que afetaram os diversos segmentos da sociedade, as organizações e, consequentemente, a gestão de pessoas. Todas estas transformações podem ser analisadas do ponto de vista da sociedade, da forma como as organizações competem, da perspectiva do cliente – aquele que usufrui dos bens e serviços gerados pelas empresas – e, ainda, das transformações dos indivíduos que compõem as organizações e nelas atuam.

Tudo que podemos observar a partir do resgate histórico do processo da área de gestão de pessoas ao longo do século XX e que adentra o século XXI que nos traz a literatura permite-nos entender a importância dos papéis assumidos por ela atualmente. Sua atuação vem se redefinindo ao longo da história em função principalmente da constante exigência de maior participação estratégica de seus profissionais, o que consequentemente vem impactando em realinhamento da área com o planejamento estratégico da organização.

O fato é que continuar mantendo tudo o que diz respeito a recursos humanos em um clima de blindagem cheio de mistérios e segredos, bem como controlar com rigidez a carreira de funcionários são apenas dois exemplos de situações que não cabem mais como práticas de gestão no século XXI, por terem se tornado distantes de representar sucesso quando se almeja um ambiente produtivo e eficiente.

Da mesma forma, modelos desestruturados de gestão de pessoas nos quais os processos eram geralmente implantados de forma intuitiva, desarticulados entre si e a estratégia organizacional, passaram a gerar grande descrédito e insegurança, sendo necessário um reposicionamento e alinhamento constantes da área em relação aos objetivos organizacionais e seus próprios objetivos.

Dentro deste processo vertiginoso de mudanças e adaptabilidade que o mercado exige das organizações é importante salientar que estas mesmas organizações são compostas por indivíduos que trazem em suas bagagens as competências e conhecimento necessários para alavancar o sucesso das mesmas. Estes indivíduos estão adquirindo consciência da importância dos seus papéis e tornam-se os protagonistas na gestão das próprias carreiras, e esperam destas empresas as condições necessárias para o seu desenvolvimento profissional. Esta versatilidade toda tanto por parte das organizações quanto por parte dos indivíduos que as compõem sugere a necessidade de ambientes muito dinâmicos e flexíveis, o que acarreta em muitos momentos reposicionamentos de modelos de gestão e até mesmo de hierarquização.

DRUCKER (2002) afirmava no final do século passado que o maior ativo das organizações do século XXI seria o conhecimento. O quadro funcional de uma organização é resultado de processos previamente estabelecidos com o objetivo de buscar equipes adequadas à necessidade de cada departamento e setor. Neste cenário torna-se necessário um modelo de gestão de pessoas criativo e inovador, que além de ter a competência para estruturar times de sucesso sincronize os objetivos corporativos com competências individuais e estratégias capazes de colocar estes objetivos em prática.

Lígia Momm

Diagnóstico Organizacional como base para um RH eficiente

"Nada há de permanente, a não ser a mudança."
Heráclito

Certamente, o ideal seria que todas as organizações contassem com um planejamento estratégico estruturado, que vislumbrasse e determinasse os caminhos pelos quais a organização gostaria de avançar em suas perspectivas de negócios, e que a área de gestão de pessoas participasse ativamente no desenvolvimento deste planejamento. No entanto, esta não é a realidade de grande parte das organizações.

Levando em consideração este contexto, utilizar-se de ferramentas que sejam capazes de levantar dados verdadeiros sobre uma realidade organizacional contribuirá para que a área de gestão de pessoas possa desenvolver seus processos focada na busca dos resultados que a empresa deseja, como também em políticas de valorização do público interno.

Mapear a realidade de uma organização com propriedade e fidelidade, buscando identificar em que situação específica e atual ela se encontra, é de fundamental importância na perspectiva de utilizar estes dados para a construção de novos cenários desejados e por vezes necessários.

Com base no que já existe de concreto se torna muito mais eficiente desenhar novos caminhos que possam preencher o espaço existente entre uma situação atual e uma situação desejável. CARAVANTES (2000) chancela esta afirmação quando diz que considera o aperfeiçoamento da capacidade de diagnóstico como estratégia no processo de gestão.

Nesta premissa, o diagnóstico organizacional consiste em uma ferramenta de intervenção que deve resultar em um verdadeiro check-up da organização, trazendo dados importantes que podem indicar possíveis insuficiências e instabilidades que precisam ser tratadas adequadamente.

FLEURY (2006) afirma ainda que o diagnóstico organizacional como ferramenta de mapeamento da realidade permite apurar e analisar as políticas explícitas e implícitas da organização com reflexos no sistema de recursos humanos. É fato que na prática cada organização caracteriza-se por uma configuração única da função gestão de pessoas, alicerçada em uma cultura e em competências que seriam o resultado de processos históricos de aprendizagem, e que cada modelo de gestão de pessoas representa uma realidade socialmente e previamente construída. Desta forma, o diagnóstico das condições do negócio oferece os fundamentos necessários para a construção desta realidade específica e particular que a área de gestão de pessoas acaba desenhando para cada realidade organizacional.

O fato é que muitos dos equívocos e insucessos ao estruturar e implantar modelos de gestão de pessoas estão relacionados à total falta de conhecimento sobre a estrutura, processos, cultura e objetivos da organização. É necessário que o modelo de Gestão de Pessoas adequado a cada organização seja desenhado com base em dados concretos a respeito da mesma, dados estes que podem vir através de exemplos como o modelo de básico de diagnóstico para atuação do RH sugerido por MILKOVICH (1977).

MODELO DE DIAGNÓSTICO PARA ATUAÇÃO DO RH

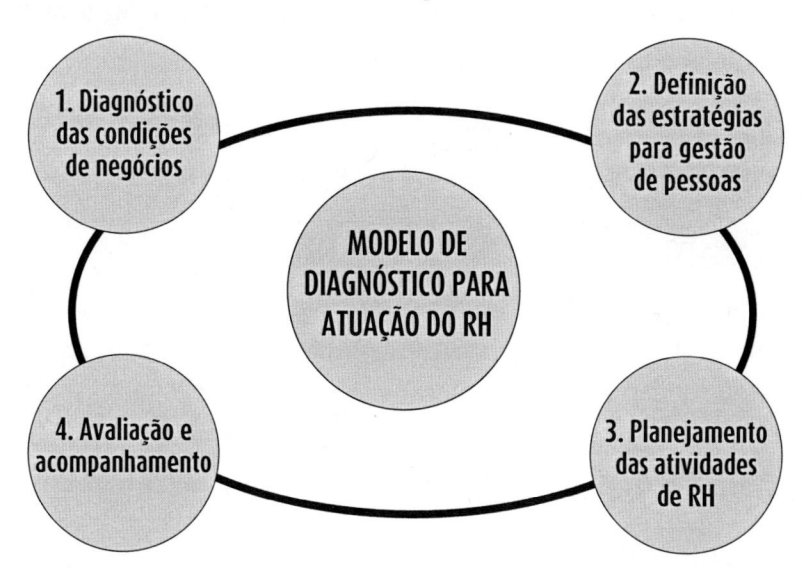

1. Diagnóstico das condições de negócios
2. Definição das estratégias para gestão de pessoas
3. Planejamento das atividades de RH
4. Avaliação e acompanhamento

MODELO DE DIAGNÓSTICO PARA ATUAÇÃO DO RH

Fonte: adaptado de Milkovich, G.; Boudreau, J. Human resource management. 8. Ed Boston: Iwin, 1977.

O ponto de partida da análise proposta pelos autores é o diagnóstico das condições do negócio, que implica reconhecer uma realidade específica inserida em determinado ambiente institucional, econômico e cultural. Na sequência, com base nos dados do diagnóstico dar-se-ia a definição das estratégias de gestão de pessoas, baseada em análises minuciosas das variáveis do contexto do negócio. A partir da definição das estratégias de gestão de pessoas, segundo o fluxo do modelo sugerido seria o momento de planejar as atividades da área e consequentemente acompanhar e avaliar o resultado dos processos e estratégias implantados.

Não existe aqui a pretensão de defender um modelo de gestão de pessoas engessado, e sim a preocupação de que existam mecanismos para diagnosticar dados concretos acerca de cada realidade organizacional, dados estes que permitam a construção de um modelo de gestão de pessoas adequado e que se enquadre de forma eficiente em cada caso específico.

MASCARENHAS (2009) salienta que os modelos de gestão de pessoas adotados pelas empresas são sempre únicos, influenciados por uma infinidade de contingências históricas e específicas a cada organização, e que a pretensão da existência de um modelo de gestão universalmente adequado é uma questão clássica em gestão de pessoas, estando sujeito a diversas críticas.

O grande desafio encontra-se em desenvolver mecanismos adequados a cada realidade organizacional, independente de suas características, para que essa função seja efetivamente operacionalizada com sucesso nas organizações. No entanto, só é possível desenvolver modelos adequados a uma realidade específica quando efetivamente conhecemos esta realidade.

Alinhamento estratégico dos processos de gestão de pessoas: vantagem competitiva

"O RH tem que agregar valor para a empresa."
Aluisio Fonseca

Modelos como o sugerido por MIKOVICK (1977) no tópico anterior pressupõem a necessidade eminente de se repensar os modelos de gestão de pessoas de forma estruturada, baseados em diagnósticos organizacionais consistentes que sirvam como suporte para estabelecer processos dinâmicos de acordo com a realidade e necessidades organizacionais.

CARVALHO (2010) defende que as organizações adotem vários modelos estruturais, determinados pela necessidade de alavancar a gestão de pessoas, de acordo com o grau de maturidade de sua estrutura e, principalmente, da cultura interna. O que fará diferença, independente do modelo que será adotado, é que a área de gestão de pessoas tenha base de informações suficiente para desenvolver as suas ações em uma atuação agregadora de valor na estratégia da empresa.

O ponto de partida que pressupõe a atuação estratégica da área de gestão de pessoas é compreender a estratégia do negócio, como funciona o processo, e, principalmente, entender os aspectos da cultura interna para então estabelecer de que forma trabalhar as estratégias de RH dentro deste contexto, em uma verdadeira alavancagem simultânea de processos estruturados e com objetivos definidos. Lembrando que a área de gestão de pessoas deve criar as condições adequadas para que tanto empresa quanto pessoas possam desenvolver-se mutuamente, alinhando a um só tempo os objetivos estratégicos e negociais da organização e o projeto profissional e de vida das pessoas. ARAUJO (2010) lembra que quando falamos de organizações estamos falando também de um complexo de pessoas dotadas de habilidades e conhecimentos, considerados os maiores fatores competitivos destas.

LACOMBE (2005) salienta que a gestão estratégica de pessoas está relacionada ao modo de se obter o máximo de resultados para as organizações, satisfazendo, da melhor forma possível, as necessidades dos que contribuem para isso. Trata-se de obter vantagem competitiva para a organização por meio das pessoas que a constituem, e ao mesmo tempo satisfazer as necessidades dessas pessoas.

Planejar as estratégias e preparar as bases necessárias para alcançar com êxito os objetivos estabelecidos previamente é de fundamental importância, levando em consideração que sem planejamento existem apenas reações aos acontecimentos, o que pode ser extremamente nocivo para qualquer tipo de negócio.

Em síntese pode-se afirmar que, em um ambiente de mercado que sugere cada vez mais dinamismo por parte das organizações e das pessoas que compõem o universo das mesmas, a área de gestão de pessoas precisa atuar como uma grande agregadora de valor ao negócio da organização, cada vez mais alinhada às estratégias da empresa. FONSECA (2012) conclui dizendo: "O RH estratégico tem que dar sustentabilidade às ambições estratégicas da empresa, para que esta ambição não fique no campo dos sonhos e sim no campo da realidade".

REFERÊNCIAS BIBLIOGRÁFICAS

ARAÚJO, L.C. (2010). Gestão de Pessoas: Estratégias e Integração Organizacional. São Paulo: Atlas.

CARAVANTES, G. (2000). O ser total: Talentos humanos para o novo milênio. Porto Alegre: AGE.

CARVALHO, I. V; OLIVEIRA, J. L (2010). Consultoria em gestão de pessoas. Rio de Janeiro: FGV.

DRUCKER, P. F. (2002). O Melhor de Peter Drucker: O Homem. São Paulo: Nobel.

FLEURY, M. T.; FISCHER, R. M. (1996). Cultura e poder nas organizações. São Paulo: Atlas.

FONSECA, A. O RH tem que agregar valor para a empresa. Curitiba, ABTD PR, 26 março. 2012. Entrevista a Armando Levy.

LACOMBE, F. (2005) Recursos Humanos: Princípios e Tendências. São Paulo: Saraiva.

NADER, G. (2014). A magia do império Disney. São Paulo: SENAC.

MASCARENHAS, A. O. (2009). Gestão Estratégica de Pessoas: Evolução, Teoria e Crítica. São Paulo: Cengage Learnig.

MILKOVICH, G.; BOUDREAU, J. (1977) Human resource management. 8ª ed. Boston: Irwin.

RIBEIRO, A. L. (2006) Gestão de Pessoas. São Paulo: Saraiva.

TEIXEIRA, M. L; ZACARELLI, L. M. (2007). Gestão do Fator Humano – Uma visão baseada em stakeholders. São Paulo: Saraiva.

10
A PRÁTICA TRABALHISTA PREVENTIVA NA GESTÃO DOS RECURSOS HUMANOS

Luiz André Longanesi

Luiz André Longanesi

Advogado e consultor jurídico de empresas na região bragantina. Mestre em Administração de Empresas pela Faculdade Cenecista de Varginha/MG (Faceca), mestre em Administração pela Universidade São Francisco e especialista em Direito Empresarial pela Universidade São Judas Tadeu/SP. Atualmente é professor adjunto mestre da Universidade São Francisco, na qual leciona Direito do Trabalho, Direito Tributário, Direito Empresarial e Comercial, nos cursos de Direito, Administração e Ciências Contábeis da Universidade São Francisco (USF), de Bragança Paulista. É professor do Ipog (Instituto de Pós-Graduação e Graduação). Foi professor dos cursos de pós-graduação da FCG de Jundiaí, e da graduação da Metrocamp (Faculdades Integradas Metropolitanas de Campinas), na qual lecionava Direito Empresarial, Legislação Trabalhista e Legislação Tributária para o curso de Ciências Contábeis, e da Faat (Faculdades Atibaia), na qual lecionou Legislação Tributária. Foi membro da Comissão de Cultura da OAB/SP de Bragança Paulista de 2012 a 2014. Publicou quatro artigos em periódicos especializados. Possui um capítulo de livro e um livro publicados. Atua na área de Direito Empresarial (Empresarial, Trabalhista e Tributário). Possui graduação em Matemática pela Faculdade de Ciências e Letras Plínio Augusto do Amaral (1976 - licenciatura), graduação em Ciências pela Fundação Municipal de Ensino Superior de Bragança Paulista (1973 - licenciatura).

(11) 4033-2350 / 4032-0985
luizandrelonganesi@gmail.com

Nos dias atuais, a prática trabalhista preventiva é um avanço para os gestores de recursos humanos, como também para todos os gestores empresariais, porque através dela poderão lançar mão de ferramentas, como a do conhecimento atualizado sobre o Direito do Trabalho, a fim de enfrentar a realidade que vivenciam com os colaboradores de todos os níveis.

A gestão não pode caminhar separadamente da legislação trabalhista, eis que uma implica a outra, e o saber, o conhecimento adquirido, estudado, vivenciado e praticado pode se tornar um grande aliado na gestão empresarial, pois, quando inexiste, a empresa terá de buscar uma assessoria jurídica especializada e arcar com os seus custos.

A legislação trabalhista brasileira é essencialmente paternalista, uma vez que procura, de diferentes formas, levantar um escudo de proteção sobre a parte hipossuficiente na relação de trabalho, ou seja, o empregado.

Entretanto, o empregado nem sempre tem razão. O que ocorre é que, na maioria das vezes, a empresa não usou o conhecimento dos fatos, amparados pela legislação trabalhista, a seu favor, haja vista que os gestores e o Recursos Humanos (RH) não cumpriram o seu papel no registro dos fatos, na sua manutenção e utilização, no momento adequado, na defesa dela.

Lacombe e Heilborn (2003, p. 241) já afirmavam que "quem administra os recursos humanos são os chefes, os gerentes de cada unidade da empresa: são eles os responsáveis pelos resultados de sua área e pelos subordinados, por distribuir os trabalhos, planejar e controlar os resultados, avaliar e recompensar os subordinados e decidir quem deve ser admitido, promovido ou demitido".

A partir dessa premissa, é necessário que o RH, na pessoa de seus gestores e participantes, tenha conhecimento básico da legislação trabalhista, para colocá-la em funcionamento na distribuição dos trabalhos, no seu planejamento e no controle dos resultados, de forma que se possa avaliar os resultados, recompensando quando devido e decidindo pela admissão, pela promoção e pela demissão dentro dos critérios definidos pela legislação trabalhista brasileira, através da compreensão dos fatos, das necessidades e do amparo legal do empregado e da empresa.

Manus (2002, p.21) ensina que "a vida social exige daquele que lida com os problemas jurídicos o conhecimento dos vários fatores que são a causa de um determinado problema que exigiu sua disciplina por meio da lei". Afirma ainda que "é essencial que cada um de nós tenha conhecimento dessa causa, de modo a compreender o espírito de determinada lei e sua melhor aplicação".

O conhecimento é a chave para qualquer empreendimento, e o gestor não pode ficar alheio ao contemplado pelo Direito do Trabalho, seus princípios e sua aplicabilidade.

Em sua essência, o Direito do Trabalho se encontra alicerçado em princípios que traçam sua diretriz básica, que é o da proteção ao trabalhador (empregado) para que possa haver "uma verdadeira igualdade substancial entre as partes e, para tanto, necessário é proteger a parte mais frágil desta relação: o empregado" (Cassar, 2009, p. 142).

Os gestores empresariais necessitam conhecer esses princípios, pois deles depende a aplicação das normas trabalhistas aos empregados, para que conflitos possam ser evitados.

O conhecimento faz toda a diferença

Nem sempre a empresa tem à sua disposição um corpo de advogados especializados na área do Direito do Trabalho ou contrata um especializado, para ajudá-la nos momentos de precisão.

Na necessidade, o primeiro passo é recorrer ao gestor de RH como se ele fosse capaz de resolver todos os problemas e tivesse todas as respostas e conhecimento jurídico necessário à solução das diferentes pendências.

Nesse momento, ele se depara com uma situação, por vezes, *sui generis*, e como não sabe ou desconhece a norma a ser aplicada acaba buscando alternativas das mais diversas, como até mesmo a contratação de um advogado especialista na área para a solução dos conflitos.

Tudo poderia ser mais simples, se o gestor possuísse bom conhecimento do Direito do Trabalho e de sua aplicação dentro das organizações. Deixaria a contratação dos serviços especializados em Direito, especificamente para a área de mediação e composição judicial, pois a norma trabalhista a ser executada aos empregados e empregadores é aquela constante do Direito do Trabalho que, segundo Manus (2002, p. 51), "são as leis contidas na Constituição Federal, nas leis complementares, na Consolidação das Leis do Trabalho, bem como aquelas leis posteriores, que se agregam ao seu texto. Mas, além das leis, há vários princípios elaborados pela doutrina e pela jurisprudência, os quais têm inteira aplicação na solução dos conflitos do trabalho e que passam a ter força de lei".

A Constituição Federal de 1988, em seus artigos de 7º a 11º, apresenta diversas normas específicas e basilares do Direito do Trabalho, as quais abrangem o direito individual e o coletivo do trabalho.

Em suma, os artigos 7º e seus incisos, 8º e incisos, 9º, 10º e 11º mostram os direitos trabalhistas constitucionais, o coletivo do trabalho, o de greve e aspectos da inclusão dos trabalhadores nas empresas.

Por outro lado, a Consolidação das Leis do Trabalho reuniu as regras existentes em 1943 de forma sistematizada, como também suas alterações posteriores.

Desde a sua elaboração, passou por muitas mudanças, as quais visavam criar uma legislação trabalhista atualizada que observasse todas as necessidades de proteção do trabalhador e a defesa dos seus direitos.

Entretanto, com o passar dos anos, as normas constantes da CLT já não devem mais ser aplicadas literalmente, mas interpretadas segundo os ditames da atualidade. A sociedade e o trabalho se modificaram, porém, a norma continuou a mesma. Cite-se como exemplo o artigo 72 que diz: "nos serviços permanentes de mecanografia (datilografia, escrituração ou cálculo), a cada período de 90 (noventa) minutos de trabalho consecutivo corresponderá um repouso de 10 (dez) minutos não deduzidos da duração normal de trabalho". Assim, atualmente, por aplicação analógica do referido artigo, conforme disciplinado na Súmula 346, do Tribunal Superior do Trabalho (TST), foram equiparados aos trabalhadores nos serviços de mecanografia os digitadores, razão pela qual têm direito a intervalos de descanso de dez minutos a cada noventa minutos de trabalho consecutivo.

Dessa forma, a analogia é perfeitamente acolhida, pois a exegese admite a leitura teleológica quando se parte da premissa de que a lei existente (CLT) não expressa, de forma nominal, uma função a qual se pode considerar como uma variante daquelas inclusas no serviço de mecanografia.

É desse conhecimento que carecem os gestores de RH.

As normas coletivas do trabalho trazem regras a serem usadas no âmbito empresarial as quais estipulam condições de trabalho a serem aplicáveis às relações individuais ou coletivas de trabalho. Integram os contratos individuais de trabalho e somente poderão ser modificadas ou suprimidas mediante negociação coletiva de trabalho (Súmula 277, do TST).

Diante de tal situação, o gestor empresarial deve saber que, de acordo com a redação da citada Súmula, a cláusula normativa permanece em vigor até nova negociação coletiva que a modifique ou suprima. Assim, demonstrada a existência de norma coletiva que estabeleça uma obrigação da empregadora com relação a seu empregado, esta prevalece, mesmo após a vigência da norma coletiva que a instituiu, por se tratar de condição mais benéfica aos empregados e inexistir prova de que tenha sido eliminada nas negociações coletivas posteriores.

O regulamento da empresa é instrumento normativo criado por ela e apresenta normas acerca das condições gerais de trabalho. Prevê diversas situações a que os empregados se submeterão e pode dispor sobre normas, disciplina interna e outras ocorrências possíveis de se encontrar no ambiente de trabalho, mas que estão subordinadas às leis e aos instrumentos normativos, desde que mais benéficos aos empregados. Entretanto, quando contiver disposições menos benéficas do que aquelas constantes da convenção coletiva, de sentença normativa ou mesmo da lei, as cláusulas desfavoráveis aos empregados não prevalecerão, eis que o princípio da hierarquia das normas jurídicas trabalhistas as salvaguarda.

O gestor de RH deve saber que o regulamento pode ser alterado pelo empregador, porém as cláusulas que venham a revogar ou alterar vantagens deferidas anteriormente só atingirão os empregados admitidos após sua revogação ou alteração.

A forma de aplicar legislação trabalhista no ambiente empresarial

Os gestores de modo geral e especificamente os de RH precisam estar conscientes na forma de se aplicar ao caso concreto a legislação trabalhista que é abstrata.

Alexandrino e Paulo (2007, p. 27) dizem que "a aplicação de uma norma traduz a ideia de produção de efeitos no caso concreto" e que esta "será aplicada toda vez que restar configurada no plano concreto a hipótese abstratamente nela descrita".

Mediante esse esclarecimento, a forma de aplicabilidade da legislação trabalhista demonstra como é feito o processo de execução de uma norma jurídica abstrata sobre determinado evento real. Tão logo da ocorrência do evento, o gestor deve apreciá-lo de acordo com as normas fixadas no ordenamento jurídico brasileiro.

Tal ordenamento na esfera trabalhista é complexo, resultante da coexistência de diferentes tipos de preceitos produzidos por meio de diversas fontes e multiplicidade de normas, de sua constante renovação, de sua eficácia no tempo e no espaço e das dúvidas que surgem na sua aplicabilidade ao caso concreto.

Corroborando esse entendimento, Manus (2002, p. 51) explica "no campo do Direito do Trabalho, todas as normas que encontramos são aplicáveis, em tese, a todos que mantenham um vínculo de natureza trabalhista, como empregado ou empregador", pois "na prática, cada uma das normas contidas no campo do Direito do Trabalho só é aplicável quando a situação de fato reproduza exatamente aquela hipótese legal".

Ao gestor cabe a árdua tarefa de escolher a norma a ser aplicada. Não a conhecendo, deve buscar a assessoria de um advogado, pois os problemas decorrentes da multiplicidade de fontes e de normas e de sua eficácia no tempo e no espaço não são fáceis de solucionar e devem ser decididas pelo Direito do Trabalho, uma vez que é necessário manter o sistema coeso e observar a hierarquia do princípio, afastando os conflitos que possam surgir devido às regras existentes, encontrando formas de resolver o caso concreto, principalmente quando não há no ordenamento jurídico uma ou mais normas para tal fim.

Para facilitar a vida dos gestores, o Direito do Trabalho alicerça sua aplicação em seus princípios basilares, os quais, segundo Alexandrino e Paulo (2007, p. 28), "costumam ser conceituados como as diretrizes mestras de um sistema, como os fundamentos ou regras fundamentais de uma ciência". Resende (2011, p. 18) afirma que "são elementos de sustentação do ordenamento jurídico, elementos estes que lhe dão coerência interna" e prossegue dizendo que "servem como fundamento e são responsáveis pela gênese de grande parte das regras que, por consequência, deverão ter sua interpretação e aplicação condicionadas por aqueles princípios, dos quais se originam".

Süssekind (1999, p. 150) relata que, "por sua vez, a CLT inclui os princípios gerais de Direito, 'principalmente do Direito do trabalho', entre as fontes a que a Justiça do Trabalho e as autoridades administrativas devem recorrer para sanar omissões no campo das relações de trabalho".

Os mais peculiares ao Direito do Trabalho são o da proteção, o da primazia da realidade, o da irrenunciabilidade e o da continuidade.

Nos dizeres de Jorge Neto e Cavalcante (2013, p. 111), "o escopo do princípio protetor é atenuar a desigualdade entre o trabalhador e o empregador", se consubstanciando em *in dubio pro* operário, da norma mais favorável e da condição mais benéfica.

Assim, se os gestores forem conscientizados da forma de aplicabilidade da legislação trabalhista, os conflitos poderão ser evitados.

A adoção de boas práticas trabalhistas pela empresa, como forma de reduzir o nível de reclamações trabalhistas

Nos dias atuais, com a globalização, o conhecimento é disseminado por meio das mais variadas fontes, e os trabalhadores estão mais bem informados de seus direitos, competindo, nesse aspecto, com os gestores das empresas, eis que estes últimos, muitas vezes, desconhecem a maior parte de suas obrigações, contribuindo para um desgaste empresarial muito grande na seara trabalhista.

Não se pode esquecer de que o mundo empresarial é dinâmico, e que os preceitos fixados pela legislação geram nele significativas modificações, fazendo com que todos enfrentem muitos desafios para que possam acompanhar as exigências legais.

Com vistas a essa situação, as boas práticas de relações trabalhistas, obedecendo à legislação brasileira e às convenções internacionais do trabalho, aplicáveis à espécie, poderão trazer vantagens competitivas às empresas, no sentido de oferecer a todos os empregados igualdade de oportunidades, respeitando as diferenças de gênero e a diversidade de culturas, conhecimentos e aptidões.

Consideram-se as boas práticas como um conjunto de orientações entendidas como fundamentais para assegurar o desenvolvimento sustentável do mercado de trabalho com o estímulo e o fomento de boas práticas laborais resultando na adoção de mecanismos que valorizem o trabalho e o trabalhador.

Quando tais práticas ficam evidenciadas, o seu resultado começa a despontar com a redução dos custos trabalhistas, estes derivados da não conformidade às leis.

Entretanto, tais práticas são muitas vezes desprezadas por ambos os componentes da relação trabalhista e resultam em litígios que provocam desgastes às partes, como, por exemplo, na forma em que se realiza o recrutamento e a seleção de pessoas, a contratação de empregados na condição de pessoas jurídicas (pejotização), a apresentação de atestados médicos falsos pelos empregados, entre tantas outras.

O recrutamento de pessoas é um mecanismo muito utilizado nas empresas para iniciar o processo de contratação de empregados, enquanto a seleção de pessoas é o método pelo qual se escolhe o candidato com os melhores conhecimentos e experiência para desempenhar determinada atividade. O primeiro constitui conjuntos de técnicas e ações que visam a atrair candidatos interessados às vagas existentes, e o segundo objetiva selecionar aqueles que são mais adequados ao cargo ofertado.

Entretanto, a forma como se faz tal recrutamento e seleção poderá trazer sérias consequências ao dia a dia empresarial, o que seria resolvido por uma assessoria jurídica, haja vista que a legislação impõe certas regras que os gestores desconhecem. Cite-se a vedação expressa no texto da Constituição Federal de 1988 e na lei 9029/95, com relação à discriminação quanto à idade, ao sexo, à cor, à raça, ao estado civil, à opção sexual, entre outras.

As consequências são as mais diversas, pois os discriminados poderão exigir indenizações vultosas na Justiça para amenizar a humilhação sofrida, e para a empresa poderá ser considerada um agente incapaz de exercer seu papel de responsabilidade social.

Ressalte-se que não poderá a empresa fazer exigências absurdas, não poderá ser exigida a comprovação de experiência prévia por tempo superior a seis meses no mesmo tipo de atividade; certidão negativa trabalhista, atestando que o trabalhador não possui processo trabalhista ajuizado; certidão negativa do Serasa ou do SPC e assemelhados ou dos cartórios de protestos. Veda, ainda, a solicitação de informações sobre antecedentes criminais, como certidão negativa criminal.

Quanto ao exame médico admissional, previsto no artigo 168 da CLT, é obrigatório, mas certos exames não são permitidos, como testes de gravidez, de esterilização, de HIV (Síndrome da Imunodeficiência Adquirida - AIDS), pois constituem prática discriminatória.

Na seara trabalhista, cabe às organizações observar criteriosamente as normas legais decorrentes do contrato de trabalho, como também evitar a utilização de práticas não consideradas legais, a fim de se atingir uma grande lucratividade. Como exemplo, cite-se o uso nos dias atuais da pejotização, ou seja, da contratação de uma pessoa jurídica para a realização de certas atividades como se empregado fosse, os quais prestam serviços exclusivos a um empresário, de forma não eventual, onerosa, de modo subordinado. É repassado aos pejotizados todo o custo empresarial, na tentativa de dissimular eventuais relações de trabalho as quais existem através da fomentação da ilegalidade e burla dos direitos trabalhistas, com a manutenção de empregados pejotizados, mas sem custo empresarial ou de produção.

A Justiça do Trabalho combate essa ilegalidade por meio de inúmeras decisões proferidas pelos Tribunais Regionais do Trabalho e pelo Tribunal Superior do Trabalho.

Por outro lado, cabe aos empregados a observância dos preceitos legais, pois só poderá exigir do outro quando cumprir sua parte. Por vezes, agem de forma errada buscando obter vantagens, como na apresentação de atestados médicos falsos com o objetivo de evitar o desconto de dias parados e a perda de alguns benefícios, configurando ato de improbidade, o que enseja demissão por justa causa, desde que devidamente provada a prática de tal ato.

Assim, muitas vezes, o gestor se depara com uma situação das mais difíceis na seara trabalhista e dela tem receio, pois terá de demitir um empregado e quer transferir a responsabilidade ao gestor de RH, que não tem de desempenhar tal papel. De fato, tal ato requer do gestor rigor, prudência e maleabilidade, pois uma palavra inadequada poderá encerrar um relacionamento desenvolvido durante anos.

A demissão, qualquer que seja o motivo, gera traumas e deve ser muito bem conduzida e cabe ao gestor conhecer todos os procedimentos do processo demissional e, se for o caso, obter ajuda do RH ou de uma assessoria jurídico-trabalhista, para saber o quê, quando e como falar.

Seu posicionamento diante do demitido faz toda a diferença. Cabe a ele expor os motivos da demissão, devendo estar preparado para os questionamentos que porventura surgirão e gerir a situação de tal forma que poderá evitar futuras reclamações trabalhistas.

Deverá explicar ao demitido os direitos que este possui, se será mantido algum benefício e seu tempo de duração, as verbas que irá receber, indicando data e local para isso, os documentos que deverá apresentar e aqueles que lhes serão entregues, bem como o que fazer com eles, quais órgãos públicos deverão ser acionados. Enfim, demonstrar ao demitido sua boa vontade em ajudar, que o que findou foi a relação empregatícia, mas que o bom relacionamento deverá persistir sempre.

Assim, a rescisão do contrato de trabalho pode ser entendida como o fim do vínculo jurídico da relação de emprego. Diversas são as modalidades existentes, podendo resultar de iniciativa do empregador; do empregado e outras causas, contudo, deverão ser sempre pré-avisadas (aviso prévio) com a observância dos dispositivos legais pertinentes, tanto pelo empregador como pelo empregado.

As causas mais complexas e difíceis de lidar para o gestor de RH são as de iniciativa do empregador (dispensa sem justa causa e por justa causa) e pela iniciativa do empregado (rescisão indireta).

Compete ao gestor de RH e sua equipe formalizar a demissão através dos procedimentos legais, pois, conforme mencionam Alexandrino e Paulo (2007, p. 339), "a extinção do contrato de trabalho é a terminação do vínculo de emprego, com a cessação das obrigações para os contratantes" e "produz diversos reflexos jurídicos para as partes, especialmente econômicos". Cabe ao empregador saldar os direitos legais do empregado, dentro do prazo legal, como também efetuar os devidos descontos, e sua formalização deverá ser precedida pelo exame médico demissional.

No instrumento de rescisão, Termo de Rescisão do Contrato de Trabalho (TRCT), qualquer que seja a causa ou forma de dissolução do contrato deverá ser especificada a natureza de cada parcela paga ao empregado e discriminado o seu valor, sendo válida a quitação, apenas relativamente às referidas parcelas, conforme dispõe o artigo 477, § 2º, da CLT. Se houver valores a serem compensados, estes não poderão exceder o equivalente a um mês de remuneração do empregado (art. 477, § 3º, CLT).

O empregador deverá fornecer ao empregado demitido o TRCT, as guias para o soerguimento do FGTS e do Seguro-Desemprego, quando devidos, e efetuar a homologação, caso o contrato de trabalho tenha mais de um ano de vigência, como também a competente baixa do contrato na Carteira de Trabalho e Previdência Social (CTPS) e fornecer carta de referência, caso assim disponha a norma coletiva de trabalho.

O profissionalismo do gestor estará presente quando ele entender que é fundamental respeitar o direito do empregado na fase inicial de sua contratação, durante a vigência do pacto laboral, deferindo e exigindo aquilo que é contemplado na legislação trabalhista em vigor, e na sua demissão, tratando o demitido como ser humano e lhe fornecer amparo nesse momento, orientando, observando prazos, efetuando pagamentos devidos e entregando documentos, pois, assim agindo, evitará litígios desnecessários.

A não adoção das boas práticas entre empregados e empregadores pode resultar para as empresas em um aumento de seu passivo trabalhista o qual só será reduzido quando as partes observarem o respeito mútuo.

Nesse aspecto, uma assessoria jurídica dada por um profissional experiente aos gestores e ao RH é fundamental para a implementação das boas práticas trabalhistas, com vistas à redução do número de ações trabalhistas, haja vista que é o elo entre os empregados, os diversos setores da empresa e a administração, uma vez que seu trabalho implica diretamente a gestão de pessoas.

Conclusão

A prática trabalhista preventiva é um instrumento estratégico nas mãos de gestores, principalmente nas dos gestores de RH, quando esses se encontram bem assessorados, uma vez que o conhecimento do mundo jurídico trabalhista é muito complicado dentro do cenário corporativo.

As empresas buscam em primeiro lugar o RH. Procuram um profissional especializado na área jurídica apenas quando os problemas já extrapolaram suas paredes e chegaram à Justiça do Trabalho. Elas se esquecem de que existem numerosas leis que são intricadas e deixam margem para a adoção de diferentes procedimentos os quais nem sempre atenderão a necessidade empresarial, eis que não irão resguardá-las dos conflitos que poderão enfrentar.

Qualquer trabalho elaborado no sentido preventivo é uma estratégia que poderá trazer bons frutos, pois antecipa os processos legais que poderão ser acolhidos e, como diz o ditado popular, prevenir é melhor que remediar porque o que está feito está feito.

Nesse aspecto, a prática trabalhista preventiva, efetuada pela gestão de RH, deverá contar com a assessoria preventiva trabalhista, realizada por um profissional especializado, pois esta apresenta um diferencial que poderá minimizar prejuízos e gerar lucros às empresas. Poderá igualmente auxiliar no seu plano estratégico de crescimento, como também nos momentos de crise, nos quais há supressão de certos direitos trabalhistas, como quando há pagamentos realizados por fora, horas extraordinárias não pagas, em total desrespeito às normas legais vigentes. Situações ficam pendentes e indefinidas, chegando até mesmo à demissão de trabalhadores.

Todas essas e outras diferentes situações que ocorrem em tempos de crise confrontam a legislação trabalhista vigente e podem derivar em futuras demandas judiciais, com o aumento do passivo trabalhista, da empresa.

As organizações e seus gestores devem sopesar o custo-benefício e juntamente com a gestão de RH contratarem uma assessoria jurídico-trabalhista preventiva. Este tipo de assessoria poderá colaborar para que todos aqueles trabalhem melhor. Por meio de uma orientação segura e precisa, poderão se resguardar de demandas judiciais e suas nefastas consequências, inclusive proporcionando a redução do passivo trabalhista trazendo de volta, por vezes, o equilíbrio econômico-financeiro.

REFERÊNCIAS BIBLIOGRÁFICAS

ALEXANDRINO, Marcelo; PAULO, Vicente. Manual de Direito do Trabalho. 10ª ed. Rio de Janeiro: Impetus, 2007.

CASSAR, Vólia Bomfim. Direito do Trabalho. 3ª ed. Niterói: Impetus, 2009.

JORGE NETO, Francisco Ferreira; CAVALCANTE, Jouberto de Quadros Pessoa. Direito do Trabalho. 7ª ed. São Paulo: Atlas, 2013.

LACOMBE, Francisco José Masset; HEILBORN, Gilberto Luiz José. Administração: princípios e tendências. São Paulo: Saraiva, 2003.

MANUS, Pedro Paulo Teixeira. Direito do Trabalho. 7ª ed. São Paulo: Atlas, 2002.

RESENDE, Ricardo. Direito do Trabalho Esquematizado. Rio de Janeiro: Forense; São Paulo: MÉTODO, 2011.

SÜSSEKIND, Arnaldo et al. Instituições de Direito do Trabalho. 18ª ed. atual. São Paulo: LTr, 1999.

11

COMUNICAÇÃO QUE GERA GRANDEZA À LIDERANÇA

Maraísa Lima

Maraísa Lima

É especialista em Comunicação Empresarial e Mídias Digitais (IPOG). Jornalista formada pela UFG. Foi gestora de comunicação em instituição de ensino superior presente em todo o País, durante quatro anos. Foi editora de texto na TV Record por seis anos. Atualmente, é palestrante, consultora em comunicação, professora de cursos de aperfeiçoamento profissional na Câmara dos Dirigentes Lojistas (CDL), Faculdade Cambury, no IPOG (Instituto de Pós-Graduação e Graduação), e professora de pós-graduação da disciplina Comunicação Integrada de Marketing na PUC Goiás. Coordena o MBA Assessoria de Imprensa na Comunicação Digital (Faculdade Araguaia). É *coach* profissional, certificada pelo ICI. Com certificação em Língua Portuguesa (Instituto Carlos André), presta consultoria como editora de livros. Possui MBA em Marketing (IPOG) e MBA Executivo em Liderança e Gestão Organizacional (FranklinCovey). É sócia-fundadora da Maraísa Lima – Treinamento e Consultoria, empresa de cursos e consultoria em comunicação organizacional.

(62) 98163-0791
contato@maraisalima.com.br
www.maraisalima.com.br

"Liderança é comunicar o valor e o potencial das pessoas tão claramente que elas mesmas possam vê-los em si." Stephen R. Covey

O desafio da comunicação

A comunicação eficaz, que gera os resultados, é inerente ao sucesso de indivíduos e organizações. É fato que muitas pessoas têm o dom natural de se comunicar com eficácia nos ambientes em que vivem e trabalham. Mas esse não é um privilégio da maioria.

Quando a comunicação deixa de ser uma competência individual e se torna uma necessidade à liderança, muitos se deparam com obstáculos. Peter Drucker, considerado o pai da Administração moderna, foi enfático ao afirmar que "60% de todos os problemas administrativos resultam da ineficácia da comunicação".

Neste capítulo, abordaremos a ideia de comunicação a partir de duas visões. A primeira refere-se à capacidade das pessoas de transmitir informações de maneira eficaz, atentando-se à definição tradicional da comunicação e às habilidades primordiais para desenvolvimento do indivíduo, que tem a possibilidade de se tornar um comunicador eficaz ao se responsabilizar pelo processo de sua comunicação.

A segunda tem relação direta com o desenvolvimento de pessoas, passando pelo papel crucial do líder comunicador, numa perspectiva de ruptura de paradigmas em relação à importância da liderança nesse processo. Para tanto, usaremos a abordagem da FranklinCovey, empresa mundialmente reconhecida pela melhoria de performance organizacional.

Existe uma diferença entre desenvolver habilidades e atitudes em prol de uma comunicação eficaz - o que contribui para melhorar processos e rotinas - e promover uma mudança em relação à comunicação defendida pelo modelo clássico da Teoria Matemática da Comunicação de Shannon e Weaver (1949). Essa premissa afirma que o modelo - composto por emissor, receptor, canal, código, mensagem e contexto - é capaz de assegurar que dois ou mais indivíduos se comuniquem numa via de mão dupla.

A comunicação na Gestão de Pessoas

Há um engano inerente à inabilidade de comunicação das pessoas que precisa ser observado. Muitos indivíduos simplesmente não desenvolvem a comunicação por não saberem o valor que essa habilidade representa! Ou seja, a falta de consciência sobre a importância do assunto limita o seu próprio desenvolvimento. Eis mais um paradoxo!

Norm Fjeldheim, CIO (Chief Information Officer) da Qualcomm, é enfático ao afirmar: "Mesmo que você tenha um ótimo conhecimento técnico, sua carreira não avançará se você não souber se comunicar. Na verdade, quanto maior sua habilidade de comunicação, mais longe você irá. Embora a tecnologia mude com o tempo, saber se comunicar bem sempre será valioso".

O desenvolvimento da comunicação, sobretudo a profissional, é condição primordial para o sucesso da carreira de qualquer pessoa. É preciso desenvolver pessoas nesse aspecto e capacitar tanto colaboradores quanto líderes.

Modelos atuais de gestão de pessoas levam em conta o desenvolvimento do indivíduo por meio de competências, que são o conjunto de conhecimentos técnicos e teóricos, como por exemplo a formação acadêmica; somado às habilidades, ou seja, a capacidade de colocar em prática o conhecimento; às vivências sobre determinado assunto; e, por fim, adicionado às atitudes que possibilitam que o colaborador queira realmente aplicar o seu conhecimento e suas habilidades. Tem-se o modelo conhecido como CHA (Conhecimento, Habilidade e Atitude), referente ao aspecto comportamental das pessoas no ambiente de trabalho.

Mas por que abordar esse aspecto? Para partir do princípio de que na base da gestão de pessoas por competências está o indivíduo que precisa entender a relevância da comunicação para começar a desenvolvê-lo.

Correntes modernas afirmam que "a gestão de pessoas por competências é um modelo de gestão de pessoas que visa reconhecer, formar e ampliar conhecimentos, habilidades e atitudes, de forma que agregam valor à organização e ao indivíduo" (DUTRA, 2004).

A comunicação é um dos seis processos de gestão de pessoas, que se refere a desenvolver colaboradores. Treinamentos, mudanças e comunicações compõem esse processo, devido à enorme importância de se mapear competências organizacionais que são críticas para o sucesso de indivíduos e empresas.

O indivíduo comunicador

Um indivíduo pode ser visto como um exímio comunicador quando desenvolve um conjunto de conhecimentos, habilidades e atitudes capaz de impulsioná-lo tanto na vida pessoal quanto profissional.

Costumo usar a metáfora da caixa de ferramenta para mostrar às pessoas que tipo de ferramentas precisam usar, ou desenvolver, dentro de processo de responsabilidade pessoal e profissional, quando o assunto é se comunicar.

Um bom instrumento é a oratória, ou a capacidade de falar em público; o conhecimento (do interlocutor, do assunto, do contexto etc.); a informação correta (ter acesso a fatos ligados à situação em questão), postura corporal e tom de voz - de acordo com Albert Mehrabian (1950), 70% da comunicação é não verbal, ou seja, por meio de gestos, expressão facial e corporal -; Língua Portuguesa (lembrando que deslizes gramaticais podem colocar em xeque a capacidade profissional do emissor).

Depois, tem-se a concisão, que é a capacidade de transmitir com clareza uma mensagem usando poucas palavras; persuasão, que objetivamente é a arte de convencer o interlocutor; *rapport* (técnica de espelhamento); relacionamento interpessoal, para facilitar o contato com o público; empatia, ferramenta em que se cria uma conexão emocional com o outro entendendo a sua perspectiva de mundo; e capacidade de ouvir, que é uma disposição para fazê-lo sem julgamentos e de maneira generosa.

O líder comunicador

Durante 17 anos, pesquisadores analisaram a personalidade e o comportamento de 4.500 executivos das 500 maiores organizações do mundo para entender o que havia em comum entre eles e o que os distinguia dos demais funcionários. A conclusão do estudo mostrou que a comunicação é a competência mais expressiva entre esses gestores. A pesquisa constatou ainda que, entre as seis competências mais valorizadas pelas empresas, a comunicação está no topo da lista para que profissionais assumam cargos de liderança.

James Hunter, autor do livro "O monge e o executivo", define liderança como a "habilidade de influenciar as pessoas para trabalharem entusiasticamente visando atingir os objetivos identificados como sendo para o bem comum". A definição é muito oportuna para o tema deste capítulo, uma vez que, para influenciar indivíduos, a liderança precisa lançar mão de competências de comunicação.

Tal abordagem complementa o conceito base de Stephen R. Covey a respeito do assunto: "Liderança é comunicar o valor e o potencial das pessoas tão claramente que elas mesmas possam vê-los em si".

Na FranklinCovey, o líder é visto como um agente de transformação capaz de inspirar confiança, por meio de conhecimentos técnicos, valores éticos e morais e pela comunicação clara; é o responsável por alinhar processos, o que também passa pelo mérito de quão eficaz é a sua forma de se comunicar; tem a missão de liberar talentos, atitude que converge com a definição de liderança adotada neste artigo, quando o líder enxerga o ser humano em sua plenitude (corpo, alma, mente e coração), dá ao seu colaborador a oportunidade de obter bons feedbacks; e, por fim, é dele a responsabilidade de esclarecer propósito, ou seja, de comunicar o sentido e a razão de existir da organização, do seu trabalho e, assim, conseguir o engajamento das pessoas.

Mudança de paradigma de comunicação

No livro "O 8º Hábito – Da Eficácia à Grandeza", estão reunidas as mais significativas contribuições a respeito de como a comunicação é um elemento fundamental para que pessoas e organizações construam o seu legado.

A FranklinCovey enxerga a comunicação em seus programas como um meio para atingir a excelência nas relações entre líder e liderado. Trata-se de uma competência poderosa inerente à liderança, que é responsável pelo sucesso de assuntos críticos nas empresas como a execução de metas.

Três ideias propostas por Stephen Covey são convergentes ao fato de que uma forte competência da comunicação pode ajudar pessoas e organizações a atingirem a grandeza.

A primeira é a concepção de que o líder é a pessoa capaz de inspirar os outros a encontrar a sua voz, esse é seguramente um dos maiores desafios da liderança nos dias atuais; a segunda, ligada ao quinto hábito, é a necessidade do líder de ouvir empaticamente as pessoas; e a terceira, que tem muito a ver com a segunda, é a capacidade do líder em aceitar a diversidade de opiniões, de modo que, ao tomar decisões, leve em consideração não apenas a sua opinião, não apenas a do outro, e que, dessa maneira, seja capaz de encontrar uma terceira via, criando uma visão compartilhada em que as pessoas se sintam parte dos resultados.

A comunicação nos 7 Hábitos das Pessoas Altamente Eficazes

A comunicação nas organizações é um assunto tão desafiador e perene que ganhou espaço num dos livros mais influentes, no mundo dos negócios, do século XX, "Os 7 Hábitos das Pessoas Altamente Eficazes", de Stephen Covey.

O quinto hábito - Procure primeiro compreender, depois ser compreendido -, segundo facilitadores da FranklinCovey, era considerado pelo autor como o mais difícil de ser alcançado e praticado. O fato se deve à dificuldade das pessoas em ouvir de maneira genuína e, por conseguinte, sem julgamentos. Além disso, no primeiro hábito, Seja Proativo, a comunicação é tida como elemento muito importante para que indivíduos alcancem esse resultado.

No hábito 1, a mudança da forma como nos comunicamos reflete a transformação interior que surge quando o indivíduo abandona o paradigma de vitimização e assume uma postura de responsabilidade por sua vida e suas escolhas. Não se trata meramente de ser o primeiro a tomar uma iniciativa, como a semântica da palavra pode sugerir. Nas palavras de Stephen Covey, "ninguém pode convencer ninguém a mudar. Os portões da mudança só podem ser abertos de dentro pra fora".

A comunicação, nesse caso, reforça a vontade interior de focar naquilo que Covey chama de "círculo de influência", ou seja, enxergar a situação sob a ótica da responsabilidade individual em detrimento ao "círculo de preocupação", que faz o contrário ao deixar o indivíduo à mercê de circunstâncias externas, daquilo que uma pessoa não pode controlar.

A importância da linguagem proativa

No manual "Cartas de habilidades", do curso da Franklin "Os 7 Hábitos das Pessoas Altamente Eficazes – versão 4.0", os participantes são encorajados a mudar suas atitudes para conseguir resultados diferentes no hábito 1 por meio da "linguagem proativa" em contrapartida à "linguagem reativa". Vejamos um exemplo:

Situação: "Seu gestor o culpa pelos erros em um relatório elaborado por seus colegas de trabalho"	
Linguagem Proativa	**Linguagem Reativa**
"Sinto muito. Acho que houve um problema de comunicação com minha equipe. Vou investigar e lhe dou um retorno."	"Não é culpa minha! Fale com o Jaime."
"Vou reunir a equipe que elaborou o relatório para tratarmos dos problemas apontados."	"Não posso fazer nada. Esse relatório não é meu."
"Se você tiver alguns minutos para me mostrar os problemas do relatório, terei prazer em apontá-los para a equipe responsável."	"Sempre 'pago o pato' pelos erros dos outros."

Em 2008, Kim Cameron lança o livro "Liderança Positiva", no qual reforça a necessidade de se trabalhar e potencializar as forças e virtudes dos colaboradores. Na obra, Cameron conceituou as quatro premissas da Liderança Positiva. Uma delas, abordada no capítulo 4º, é a Comunicação Positiva, que tem a ver com o uso de uma linguagem com base afirmativa, capaz de gerar o sentimento de apoio, compreensão, apreço e encorajamento. O conceito se assemelha à "linguagem proativa" da FranklinCovey.

Conclusão

Do indivíduo comunicador ao líder que rompe paradigmas, e extrai o melhor de seus colaboradores na maneira como se comunica, há em comum o comportamento dos dois perfis: são sujeitos de suas próprias escolhas. É muito difícil pensar uma mudança de paradigma de comunicação sem a consciência acerca da necessidade do processo de transição.

Hoje, encontramos profissionais perdidos e inertes ao imperativo de se adaptar. Soma-se se a isso um bombardeio de dicas e recomendações enlatadas de sucesso profissional. Mas, para dar o primeiro passo, precisamos entender que cada pessoa possui o seu estilo de comunicação, não havendo certo ou errado e sim a capacidade de criar com o interlocutor um entendimento, uma conexão capaz de gerar a realização de um objetivo definido no início da comunicação.

Uma reflexão de Eduardo Adas, CEO da SOAP - empresa de consultoria de comunicação especializada em apresentações corporativas -, se faz pertinente sobre esse aspecto: "Cuide da sua comunicação. Ela é o ponto de partida para a conquista da confiança".

REFERÊNCIAS BIBLIOGRÁFICAS

CARNEGIE, Dale. "Como fazer amigos e influenciar pessoas. Guia Clássico e Definitivo de Como Relacionar-se com as Pessoas". 52ª Edição. São Paulo: Companhia Editora Nacional, 2012.

CAMERON, Kim. "Positive Leadership: Strategies for Extraordinary Performance". 2ª Edição: BERRETT-KOEHLER PUBL. Canada, 2012.

COVEY, Stephen R. "Os 7 Hábitos das Pessoas Altamente Eficazes". Editora Campus, 2005.

COVEY, Stephen R. "O 8º Hábito - Da Eficácia à Grandeza". Editora Campus, 2005.

COVEY, Stephen R., WHITMAN, Bob e ENGLAND, Breck. "Resultados Previsíveis em Tempos Imprevisíveis". Editora Novo Século, 2011.

DUTRA, Joel Souza. "Competências: Conceitos e instrumentos para a gestão de pessoas na empresa moderna". Editora Atlas, 2004.

KYRILLOS, Leny e JUNG, Mílton. Comunicar para Liderar - Como usar a comunicação para liderar sua empresa, sua equipe e sua carreira. São Paulo: Contexto, 2015.

PALMEIRA, João. A mudança de paradigma na comunicação. Disponível em: http://joaopalmeiradasilvajunior.blogspot.com.br/2015/09/a-mudanca-de-paradigma-na--comunicacao.html | Acesso em 12/02/2016, às13h09.

12
INDICADORES E RESULTADOS EM GESTÃO DE PESSOAS

Maria Luiza Marques de Abrantes

Maria Luiza Marques de Abrantes

Psicóloga, mestre em valores humanos, especialização em administração de recursos humanos, *trainer* e *master* em programação neurolinguística, consultora pessoal e organizacional, com atuação em empresas públicas e privadas nas áreas de gestão de pessoas, gestão de processos, qualidade de vida e programas institucionais de ajustes de conduta e governança, preparação de organizações para certificações em sistemas da qualidade e acreditação, docente universitária e palestrante.

(11) 99514-4949
luiza.abrantes@gmail.com

"O que nós medimos e como nós medimos determinam o que será considerado relevante, e determinam consequentemente não apenas o que nós enxergamos, mas o que nós – e outros – fazemos."
Peter Drucker, Management, 1974

A importância dos indicadores de desempenho

Os indicadores e seus resultados na integração dos processos da gestão de pessoas por competências ainda são relativamente pouco explorados pelas empresas brasileiras. Seja devido ao desconhecimento de técnicas e ferramentas de integração e medição de resultados, seja pela pouca importância dada aos números e sistemas quantitativos de medições relacionados ao negócio.

Entretanto, quando imaginamos empresas desenvolvidas, com alto desempenho e com posição relevante na economia nacional e internacional, é inevitável pensarmos em um sistema de medição de indicadores e seus resultados.

Cada processo da gestão de pessoas por competências, por sua vez, demanda a implementação de medição por indicadores. Assim, a adaptação da área de gestão de pessoas a esse novo paradigma é fator fundamental para o sucesso do desempenho organizacional.

Nos últimos 20 anos (1992-2012) tenho buscado registrar, compreender e analisar a gestão de pessoas em empresas brasileiras com o intuito de desenvolver uma abordagem que possa ser útil para profissionais da área, bem como para os demais gestores das pessoas que se encontram em diversas áreas.

Três experiências pessoais foram importantes para a elaboração dessa abordagem: minha vivência na área pública como coordenadora do Grupo de Estudos de Recursos Humanos da Administração Pública – Gerhap (1992-2000), como consultora organizacional do Instituto Nacional de Produtividade e Qualidade – INPQ (1997-atual), e em sala de aula no Instituto de Pós-Graduação e Graduação – Ipog (2006 - atual), ministrando o módulo prático de Gestão de Pessoas por Competências. Essas vivências me proporcionaram um levantamento de informações de centenas de empresas públicas e privadas ao longo dessa jornada que se transformaram em indicadores de gestão.

Maria Luiza Marques de Abrantes

Este capítulo não tem a pretensão de negar tudo o que é realizado sob a forma de indicadores de gestão de pessoas e sim de contribuir com gestores na sua análise sobre as necessidades de adaptar, mudar ou transformar seus sistemas de indicadores de gestão pessoas para que possam ser utilizados em previsões e não somente em medições do fato ocorrido.

Agradeço a todos que, direta ou indiretamente, contribuíram para o desenvolvimento dessa abordagem ao longo desses 20 anos, em especial aos gestores de pessoas, alunos do curso de MBA Gestão de Pessoas por Competências e Coaching do Ipog que participaram do Módulo Prático de Gestão de Pessoas por Competências.

Os indicadores

Os indicadores de gestão de pessoas permitem uma análise profunda e abrangente sobre a efetividade dos seus subsistemas e de seus resultados organizacionais mais que uma simples constatação de que está tudo bem porque a seleção está preenchendo vagas em tempo recorde, ou o número de colaboradores que procuram treinamento está crescendo. A medição sistemática, estruturada e balanceada dos resultados de gestão de pessoas por meio de indicadores de desempenho permite às organizações fazerem as intervenções necessárias com base em informações pertinentes e confiáveis, à medida que ocorrem as variações entre o planejado e o realizado, bem como para as previsões dentro de cenários conhecidos e desconhecidos.

Em uma pesquisa da Mercer em 2013 (FNQ, 2015), sobre sistemas de avaliação de desempenho por indicadores, demonstrou-se que apenas 3% das empresas entendem seu sistema de avaliação e a sua importância e que 71% dos gestores intermediários, incluindo os gestores de pessoas, não estão preparados para desenvolver objetivos adequados para suas equipes a partir dos indicadores.

Números semelhantes foram observados por mim ao longo desses 20 anos: 80% dos gestores de pessoas utilizam indicadores-meio, de esforço (*drivers*[1]), isoladamente, não os interrelacionando aos indicadores-fim (*outcome*[2]).

Essa dificuldade de compreensão demonstra a fragilidade dos gestores

---
1. *Driver*: indicadores direcionadores, de tendência, de acompanhamento, são aqueles utilizados para monitorar os aspectos que podem interferir no resultado.
2. *Outcome*: indicadores de resultado são aqueles que mostram se o efeito das estratégias nas diversas partes interessadas foi atingido.

de pessoas em explorar as relações de causa e efeito e fazer análises mais profundas para orientar a medição do desempenho para processos organizacionais ao invés de indicadores da área funcional.

Conceitos básicos de indicador
O que é um indicador?

Há muitas definições de indicador, entretanto, a que utilizamos neste estudo é a da Fundação Nacional da Qualidade: "Indicador de desempenho é uma informação quantitativa ou qualitativa que expressa o desempenho de um processo, em termos de eficiência, eficácia ou nível de satisfação e que, em geral, permite acompanhar sua evolução ao longo do tempo e compará-lo com outras organizações" (FNQ, 2016, p. 4).

Os indicadores podem demonstrar diversos resultados como: lucratividade, rentabilidade, inadimplência, absenteísmo, produtividade, e outros.

A vantagem de se trabalhar com indicadores é ter uma visualização do presente com relação ao passado (série histórica), com os referenciais de desempenho (comparando-se ao seu melhor desempenho ou desempenho dos *benchmarks*[3]), com o compromisso assumido (metas acordadas), com as metas de desempenho, e com as previsões.

Para tanto, a área de gestão de pessoas deverá ter conhecimento profundo e saber distinguir os conceitos de dados, informações e indicadores.

Ao longo do tempo, a área de gestão de pessoas fundamenta suas decisões em cima de informações conforme verificado no corte de estudo de 1992-2012, sendo a utilização da análise de indicadores, ou seu cruzamento com outros indicadores para a tomada de ação, mais escassa e difícil de encontrar. O Quadro 1 demonstra e compara os três conceitos.

---

3. *Benchmark:* considerado o modelo, o referencial.

DADOS	INFORMAÇÕES	INDICADORES
Disponíveis para manipulação no banco de dados	Organizadas e já manipuladas em primeiro nível	Manipulados matematicamente por meio de fórmulas (divisão)
Abundantes e armazenados em sua totalidade	Selecionadas em formatos de telas e/ou relatórios	Parametrizados em formatos de gráficos lineares
Viabilizados por meio de coleta de dados	Viabilizadas por meio de *softwares* gerenciais	Viabilizados por meio de contagem
Não têm foco na gestão	Com foco abrangente e dispersivo	Com foco no que é relevante

FONTE: Pavani Jr. e Scucuglia, Mapeamento e gestão por processos – BPM (2011, p.218)

O dado é a menor instância de uma estrutura de indicadores e o componente sem o qual não há informação e tampouco indicador. Ele deve estar disponível para ser manipulado quando necessário, entretanto, seu estágio primário não se traduz necessariamente em um parâmetro para a tomada de decisão.

Exemplos: registros das entrevistas de desligamento, do plano de desenvolvimento individual, das escalas de férias etc.

De outra maneira, as informações se localizam de forma intermediária entre os dados e os indicadores. Corresponde à primeira manipulação dos dados disponíveis.

Exemplos: soma das diversas entrevistas de desligamento (por setor, por cargo, por atividade, por período), soma dos diversos planos de desenvolvimento individual (por cursos, por metas, por áreas) e soma das escalas de férias (por setores, períodos) etc.

Os indicadores são a última instância de uma estrutura que mais auxilia na tomada de decisões. Tem como característica a existência de fórmulas mais complexas para seu cálculo, utiliza no mínimo uma razão entre duas informações.

Exemplos: índice de demissões, índice de *turnover*[4], índice de absente-

---
4. *Turnover*: conhecido como "rotatividade", o percentual de substituição que uma empresa possui, ou seja, o giro entre entradas e saídas de funcionários.

ísmo, índice de reclamações, índice de tempo de contratação, eficácia dos treinamentos, qualificação profissional etc.

Subdivisões dos indicadores organizacionais

Uma boa estrutura de medição de desempenho da gestão de pessoas exige métricas bem elaboradas capazes de indicar os problemas organizacionais. Nem todos os indicadores são estratégicos, entretanto, todos devem monitorar o desempenho dos processos atuais e/ou a consecução efetiva dos objetivos estratégicos da organização. Os indicadores são subdivididos em: **taxa, índice,** *driver* e *outcome*.

A **taxa** é um indicador que se caracteriza por uma divisão entre duas informações de mesma grandeza gerando, como resultante do cálculo, um valor que pode ser expresso como porcentagem.

Exemplos: % de horas extras X horas trabalhadas, % da folha bruta x faturamento líquido.

O **índice** se caracteriza por uma divisão entre duas informações de grandezas distintas gerando um valor que não pode ser expresso como uma porcentagem, mesmo que multiplicado por 100.

Exemplos: índice de reclamações trabalhistas, índice de rotatividade de pessoal.

O **driver** é um indicador construtor, de plantação, de meio, de esforço, *leading*, direcionador, item de verificação, de causa, caracteriza-se pela possibilidade de ser gerenciado pela cobrança, já que consiste em um esforço particularizado capaz de construir outro indicador maior. Esses são os indicadores que quando encontrados na área de gestão de pessoas são os mais utilizados. Medem a causa antes de o efeito (*outcome*) acontecer, servem para verificar se os planos ligados aos fatores críticos de sucesso estão sendo cumpridos.

Exemplos: preço *per capita* do plano de saúde, absenteísmo, custo de benefícios *per capita*.

O **outcome** é o indicador construído, de colheita, de fim, de resultado, *lagging*, resultante, item de controle, de efeito, caracteriza-se por ser um indicador menos gerenciável e que se origina da "torcida" dos gestores, caso não haja seus desdobramentos em indicadores *drivers*.

Medem o efeito após certo tempo; servem para verificar se os objetivos estão sendo atingidos; a cada *outcome* deve ser adicionado um ou mais *drivers*.

Exemplos: eficácia dos treinamentos, aprovação após período de experiência, acidentes de trabalho.

É essencial para a gestão de pessoas, com foco em resultados, a utilização de indicadores de desempenho dos processos, *drivers*, e seu atendimento e agregação de valor aos indicadores do negócio, *outcomes* que levam gestores à tomada de decisão.

O uso de sistemas de indicadores auxilia o gestor no registro, medição e acompanhamento de resultados de forma que os executivos possam verificar a eficácia das estratégias e o desempenho dos negócios.

A utilização dos indicadores só tem lógica se contribuírem para a integração das estratégias, objetivos, metas e ações dos processos do negócio e contribuírem de forma efetiva para o aprimoramento dos processos como a sua estrutura, identificação, medição e uso das informações coletadas e processadas.

Como selecionar bons indicadores

O uso de métricas e indicadores adequados permite à gestão de pessoas por competências correlacionar a contribuição de sua função com o resultado do negócio, ou seja, os resultados dos projetos de GPC uma vez quantificados podem derrubar a crença de que é área-meio e demonstrar sua posição como agregadora na cadeia de valor dos processos gerando eficiência e eficácia organizacionais.

Desta forma não basta esforço para medir, mas sim saber: como, quando, por que e para quê medir. Os resultados dessas medições serão utilizados para quais melhorias?

Os indicadores selecionados pela área de gestão de pessoas nem sempre atendem as expectativas dos CEOs[5] das organizações. Em uma pesquisa realizada pela PWC em 2012: *Key trends in human capital – a global perspective*, os indicadores de custo de *turnover*, ROI[6] em capital humano, avaliação dos avanços, custos do trabalho e necessidades do funcionário, e produtividade dos funcionários tiveram graves variações quando repas-

---
5. CEOs: sigla para chief executive officer, que, em Português, pode ser traduzido como executivo-chefe. O cargo é o mais alto a ser ocupado por um executivo de uma companhia, o responsável pelo gerenciamento de toda a organização.
6. ROI: é a sigla em Inglês para return on investment, que em Português significa "Retorno sobre Investimento".

sados para os CEO's das organizações o que colaborou para a lacuna de compreensão dos dirigentes: acredita-se na importância mas não recebem relatórios completos. As maiores lacunas de informações estão em ROI em capital humano, avaliação dos avanços internos, necessidades e produtividade dos funcionários.

Os indicadores de gestão de pessoas devem retratar consistência para que possam ser tomadas decisões quanto ao posicionamento da empresa no mercado em que atua. Assim, devem apresentar quatro características fundamentais: deve ser **relevante**, ou seja, pertinente, deve ser de **fácil operacionalização** e estar **disponível** para os gestores em tempo e forma e apresentar uma relação positiva entre custo e benefício, e deve ser confiável, garantido pela sua validação constantemente.

A Tabela 1 apresenta os indicadores mais utilizados pela área de gestão de pessoas (*drivers*) das diversas organizações públicas e privadas representadas pelos seus gestores.

	INDICADOR	CONCEITO	FÓRMULA DE CÁLCULO
1	**% de horas extras X horas trabalhadas**	É a relação entre a quantidade de horas extras - horas extras realizadas, independente de serem pagas ou não (banco de horas) x horas trabalhadas. H.E = Horas extras horas extras realizadas independentemente de serem pagas ou não (banco de horas) durante o mês corrente H.T = Horas trabalhadas (total de horas trabalhadas no fechamento da folha de pagamento).	$\dfrac{\text{Quantidade H.E}}{\text{Quant. de H.T}} \times 100$

2	Índice de reclamações trabalhistas	É a relação entre o nº de reclamações trabalhistas acumuladas nos últimos 12 meses x o nº de funcionários desligados acumulados nos últimos 12 meses.	$\dfrac{\text{Nº reclamações trabalhistas}}{\text{Nº funcionários desligados}} \times 100$
3	*(Turnover)* Índice de rotatividade de pessoal	O cálculo do índice de rotatividade de pessoal é baseado no volume de entradas e saídas de pessoal em relação aos recursos humanos disponíveis em certa área da organização, dentro de certo período de tempo, e em termos percentuais. A = Admissões de pessoas na área considerada dentro do período considerado (Entrada). D = Desligamento de pessoa (tanto por iniciativa da empresa como por iniciativa dos empregados) na área considerada dentro do período considerado (Saídas). EM = Efetivo médio da área considerada dentro do período considerado. Pode ser obtido pela soma dos efetivos existentes no início e no final do período, dividida por dois.	$\dfrac{\dfrac{A+D}{2}}{EM} \times 100$

4	**Preço *per capita* do plano de saúde**	Considerar plano *standard*. Os dados deverão ser retirados do setor onde tiver a maior quantidade de vidas.	$\dfrac{\text{Preço per capita}}{\text{Quantidade vidas}} \times 100$
5	**Custo de benefícios *per capita***	É a relação do custo de benefícios x o nº funcionários do mês. Considerar os benefícios comuns a todos os funcionários, inclusive aqueles especificados no Acordo Coletivo.	$\dfrac{\text{Custo mensal com benefícios}}{\text{Nº de funcionários do mês}} \times 100$
6	**Absenteísmo**	É a relação do grau de ausência ao trabalho x horas trabalhadas (total de horas trabalhadas no fechamento da folha de pagamento). Considerar as ausências ao trabalho de dias inteiros dos empregados ativos, e até no máximo 15 dias para os casos de auxílio-doença e acidente de trabalho. H.P = Horas perdidas H.T = Horas trabalhadas (total de horas trabalhadas no fechamento da folha de pagamento)	$\dfrac{HP}{HT} \times 100$

7	**% da folha bruta x faturamento líquido**	É a relação do valor da folha bruta x o valor do faturamento líquido.	$\dfrac{\text{Valor da folha bruta do mês}}{\text{Faturamento líquido do mês}} \times 100$
8	**Custo médio de treinamento** *per capita*	É a relação do valor gasto com treinamento x o n° de funcionários na empresa, considerar treinamento externo e interno, incluindo despesas de viagens.	$\dfrac{\text{Valor mensal gasto com treinamentos}}{\text{Faturamento líquido mês}} \times 100$
9	**% investido em treinamento x faturamento líquido**	É a relação do valor mensal gasto com treinamento. Considerar treinamento externo e interno, incluindo despesas de viagens x o faturamento líquido.	$\dfrac{\text{Valor mensal gasto com treinamento}}{\text{Faturamento líquido}} \times 100$
10	**Aproveitamento interno**	Taxa de vagas abertas em posições intermediárias que foram preenchidas por pessoal da casa. Relacionado à estratégia de gestão de pessoas da organização.	$\dfrac{\text{Quantidade de vagas preenchidas internamente}}{\text{Quantidade de vagas intermediárias abertas}} \times 100$

Fonte: elaborado pela autora, 2016.

Mesmo dentro da área de gestão de pessoas os indicadores *drivers* só têm relevância se analisados sob a ótica da competência que se está pretendendo verificar, como demonstrado no Quadro 2.

COMPETÊNCIA	INDICADOR
Habilidade de formação de equipe	Índice de turnover
Habilidades de desenvolvimento de equipes	Resultado das avaliações de desenvolvimento dos membros da equipe
Capacidade de administrar conflitos	Resultado da avaliação do líder pelos membros da equipe
Habilidades de estímulo e motivação	Resultado da avaliação do líder pela equipe
Capacidade de gerir desempenho e atividades	Resultado das avaliações de performance da equipe
Orientação para resultados	Resultados financeiros da área e alcance das metas preestabelecidas

Fonte: Miura e Lustri, s/d, p. 8-9.

E ainda há os indicadores de desempenho que se caracterizam por informações quantitativas ou fatos relevantes que expressam o desempenho de um produto ou processo, em termos de eficiência, eficácia ou nível de satisfação e, em geral, permitem acompanhar sua evolução ao longo do tempo (FNQ, 2011, *slide* 10).

Exemplo: índice de satisfação dos funcionários, taxa de gravidade de acidentes, manutenção de certificações (reconhecimentos como prêmios, acreditação, ISOs[7]).

Uma forma de garantir as características fundamentais dos indicadores dando-lhes maior rigor metodológico para sua coleta de dados, comparação e análise é elaborar a ficha de registro do indicador, que deve conter: nome do indicador, unidade de medida, fórmula de cálculo, atributo a ser medido, abrangência de sua utilização, frequência da coleta e análise, ajustes e não conformidades revistas, função do indicador, responsável, atualizador responsável, forma de apresentação (gráfica, tabela), referencial comparativo, requisito de parte interessada (identificar), limites aceitáveis, se tem vínculo ao orçamento, meta correspondente.

Metodologia básica para a análise de indicadores

Uma vez selecionados os indicadores de forma equilibrada entre os

---
7. ISOs: International organization for standardization, certificação.

que medem resultados e os que medem execução (*outcomes* e *drivers*) é chegada a hora de assegurar que há uma conexão entre as métricas escolhidas e a estratégia de negócios, pois só assim os CEOs prestarão atenção quando forem expostas.

O sistema de medição deve adquirir maturidade e isso só se consegue por meio de um acompanhamento contínuo, sistemático e padronizado, uma vez que dependem das políticas, práticas e processos organizacionais e de gestão de pessoas.

A prática do *benchmarking* (interno e externo) poderá auxiliar na análise histórica dos indicadores bem como dar credibilidade às suas exposições em fóruns e grupos de trocas e estudos da área.

De acordo com o estudo realizado pela PWC em novembro de 2015, Pesquisa People Analytics, 31% de uma base de 107 respondentes não utilizam *benchmarking* na análise de indicadores, 7% possuem recursos tecnológicos que atendem as necessidades de análise de dados e 11% possuem uma equipe dedicada ao tema.

A metodologia básica de medição deve garantir que as informações fruto das medições serão utilizadas para melhoria contínua dos processos, que há interrelacionamento entre as métricas e a estratégia de negócios fazendo com que executivos comecem a se interessar por elas, que seja acompanhada e discutida sua relevância constantemente, que em suas análises demonstrem tendências e a série histórica dentro da organização, que tenha constância de propósito em busca da maturidade do sistema de medição, e por fim, mas primordial, que auxiliem nas políticas, práticas, processos e metas organizacionais.

Para a obtenção de dados e referenciais comparativos dos indicadores, a área de gestão de pessoas pode abrir mão de diversos métodos como, por exemplo: uso de padrão de normalidade de processo ou produto com base em dados estatísticos (OIT, Ministério do Trabalho, Sindicatos, IPEA, INSS, entre outros), levantamento de resultados das entidades-alvo por meio de dados de mercado obtidos de clientes ou fornecedores, ou dados demográficos, obtenção de dados em contato direto com áreas dentro ou fora da organização, grupos de estudos (como o Gerhap citado no início deste capítulo), os dados podem ser ainda enviados por uma entidade que coordena o setor como, por exemplo, o sistema S, associações de classes, de entidades que promovam *benchmarking* como GPtW, FGV, McKinsey, PwC, dados de relatórios publicados ou divulgados nas mídias e *site*, dados comparados diretamente por telefone, ou por cliente oculto.

Resultados em gestão de pessoas: integrar e medir competências

A utilização de indicadores tem como objetivo central a organização e interpretação dos dados relativos às práticas de gestão de pessoas, suportando a tomada da decisão estratégica. Portanto, o uso de métricas e indicadores adequados permite correlacionar à contribuição da área de gestão de pessoas na integração e a medição das competências organizacionais.

Durante esses 20 anos foi percebido que a maioria das organizações não utiliza as métricas de gestão de pessoas no monitoramento de seus indicadores estratégicos. E ainda que as medições são realizadas pelas áreas consideradas estratégicas e a área de gestão de pessoas isoladamente.

A pesquisa realizada pela PwC citada anteriormente vem ratificar a observação e demonstra que 25% das empresas no Brasil realizam análise eventual de indicadores, apenas 38% monitoram os processos de gestão de pessoas, 23% têm monitoramento estratégico de gestão de pessoas, e apenas 14% têm monitoramento estratégico de gestão de pessoas integrado ao negócio.

As maiores dificuldades citadas pelos gestores de pessoas quanto à utilização efetiva de indicadores estratégicos estão relacionadas a barreiras estruturais, culturais e tecnológicas como, por exemplo, a falta de equipe capacitada e dedicada ao assunto, fontes de dados desintegradas, falta de suporte tecnológico para coleta e análise, falta de habilidade analítica entre usuários e o processo realizado manualmente.

Para avançar no processo de transformação da área de gestão de pessoas em área estratégica, de credibilidade e de influência nas tomadas de decisões, algumas ações são necessárias: de levantar dados e contagens para apresentações de estatísticas e comparações (tendências), realizar análises multidimensionais dos indicadores (por quê? quais as causas? quais outras variáveis?), realizar previsões (cruzar tendências e efeitos ao longo do tempo).

Como integrar e medir competências agregando valor para a organização? A sugestão é partir da atualização e acompanhamento efetivo dos indicadores apontando correções imediatas nos processos internos, trabalhar os diversos indicadores em sistemas de medições, comunicar os resultados dos indicadores aos diferentes tipos de usuários, reforçar constantemente a tomada de decisões baseada em fatos (dados dos indicadores) tentando assim interferir na mudança de uma cultura organizacional se esta não valoriza o uso das métricas, sofisticar a ação gerencial na utilização de indicadores para a tomada de decisões focalizando a análise das causas, previsões, construções de cenários e relação com outros indicadores dos diversos setores da organização.

Conclusões e perspectivas

As organizações e a área de gestão de pessoas têm dados, informações e indicadores, o que varia, entretanto, é a estruturação do sistema de medição que só será útil se responder às questões estratégicas de forma quantitativa.

A utilização de indicadores de forma isolada é muito comprometedora uma vez que os indicadores medem processos que se interrelacionam. Assim, deve-se avaliar o que é preciso conhecer. O como vem depois. Primeiro defina o atributo, depois a forma de medição.

Transformar a área de gestão de pessoas em área estratégica para dar suporte às decisões organizacionais não é tarefa fácil, entretanto, é possível. Para isso a primeira análise a ser realizada pela área é: em que momento se encontra hoje? Apenas mede, mede e se compara interna e externamente, vai além e analisa os indicadores comparativos, já faz predições?

As medições que forneçam um serviço de valor inestimável, que reduz o custo, e aumentam o retorno sobre o investimento são as que efetivamente agregam valor ao negócio.

REFERÊNCIAS BIBLIOGRÁFICAS

ABRANTES, Maria Luiza Marques de. GERHAP – Grupo de Estudos de Recursos Humanos da Administração Pública. Coordenação de 1992-2002. São Paulo. SP.

DUTRA, Joel de Souza. Gestão de Pessoas - Modelo, Processos, Tendências e Perspectivas - 2ª ed. São Paulo: Atlas, 2016.

FNQ – FUNDAÇÃO NACIONAL DA QUALIDADE. Estruturação do sistema de indicadores. Apostila do Curso. 2011, slide 10.

_____. Sistema de Indicadores. E-book, 2016, p. 4, disponível em www.fnq.org.br. Acessado em 18.04.2016.

INPQ – INSTITUTO NACIONAL DE QUALIDADE E PRODUTIVIDADE www.inpq-qualidade.org.br

IPOG – INSTITUTO DE PÓS-GRADUAÇÃO E GRADUAÇÃO www.ipog.edu.br

MIURA, Irene; LUSTRI, Denise A. Gestão por competências – uma abordagem sistêmica. Artigo apresentado para a FEA/USP, s/d. Acessado em 18.04.2016
http://legacy.unifacef.com.br/quartocbs/arquivos/21.pdf

NUTINI, Marco Antonio. Transformando o Sistema de Indicadores. Avaliação do Desempenho Global sob a ótica do MEG. São Paulo: Fundação Nacional da Qualidade – FNQ, 2015.

PwC – PricewaterhouseCoopers. Temas Empresariais – Capital Humano. 2013. Disponível em www.pwc.com.br

A FELICIDADE NO TRABALHO: A PSICOLOGIA POSITIVA NO CONTEXTO ORGANIZACIONAL

Poliana Landin

Poliana Landin

Mestre em Psicologia pela Universidade São Francisco – USF. Pós-graduada em Gestão de Pessoas por Competência e Coaching pelo IPOG. Graduada em Psicologia pela PUC/GO. *Coach* com formação e certificação internacional. Formação em Psicologia Positiva pelo Instituto de Psicologia Positiva e Comportamento – IPPC. Possui ampla experiência em liderança e Gestão de RH. Prática nas áreas de Gestão de Carreira, Identificação e Desenvolvimento de Talentos. Palestrante, docente e coordenadora da Especialização em Avaliação Psicológica e do MBA Executivo em Desenvolvimento Humano e Psicologia Positiva do IPOG.

poliana@inspirartalentos.com.br
www.inspirartalentos.com.br

A Psicologia Positiva é um campo de estudo científico das forças e virtudes próprias do indivíduo, que tem por foco buscar no ser humano o seu potencial, a sua motivação e suas capacidades mais elevadas. De acordo com a definição do *Positive Psychology Center* (Centro de Psicologia Positiva) da Universidade da Pensilvânia, que tem o psicólogo americano Martin Seligman como diretor, professor e pesquisador:

> "Psicologia Positiva é o estudo científico das forças que permitem aos indivíduos e comunidades prosperarem. É uma área fundamentada na crença de que as pessoas querem levar uma vida significativa e satisfatória, para cultivar o que é melhor dentro de si."

Em Harvard, uma das mais conceituadas escolas de negócios do mundo, um dos cursos mais concorridos é o de Psicologia Positiva, criado pelo professor Tal Ben-Shahar. O enfoque é falar sobre otimismo, felicidade, bem-estar e o impacto que se tem sobre o dia a dia, as relações, o trabalho etc. Em uma entrevista para a HSM *Management* (2012), Ben-Shahar afirma que "no mundo dos negócios, a felicidade e o bem-estar equivalem a lucro". Isso porque é notório que pessoas mais felizes, mais satisfeitas apresentam melhor desempenho em suas atividades, se relacionam melhor com colegas e clientes, compram mais, vendem mais, ou seja, influenciam diretamente o mundo corporativo.

Martin Seligman é o grande incentivador da Psicologia Positiva, considerado por muitos como o pai desta ciência. No seu livro "Florescer" (2011), o autor estabelece os cinco elementos que compõem o bem-estar, cujo objetivo é aumentar o florescimento humano, ou seja, o desenvolvimento humano em seu nível ótimo. São eles: Emoção Positiva, Engajamento, Sentido, Relacionamentos Positivos e Realização. O primeiro elemento é a **Emoção Positiva**, que se refere ao que sentimos, como o prazer, entusiasmo, êxtase, calor, conforto e sensações, dentre outras, que pode nos levar a uma vida agradável; o segundo é o **Engajamento**, que diz respeito à total entrega a uma atividade, ao ponto de perder a noção de tempo e a consciência de si durante a realização, que pode nos proporcionar uma vida engajada; o terceiro elemento é o **Sentido**, que diz respeito a pertencer e a servir a algo que se acredita ser maior que o eu, conquistando-se assim uma vida significativa; o quarto elemento é **Realização**, que se refere à busca pela conquista, a vitória e o sucesso, atingindo-se dessa forma uma "vida realizadora"; e o quinto e último, está ligado aos **Relacionamentos**

Positivos, que tem a ver com a influência positiva que a presença de outras pessoas podem trazer em momentos ruins da vida, servindo como antídoto, assim como favorecendo bons momentos (Seligman, 2011).

Seligman (2004), em sua teoria da Felicidade Autêntica, afirma que ao se utilizar diariamente as forças pessoais em diversas áreas da vida é possível obter a felicidade, e que, ao utilizar essas mesmas forças para a promoção de bondade, conhecimento e poder, é possível ter uma vida significativa, uma vida que contempla um significado dentro de si. O autor ainda acrescenta que, estando Deus no final, essa será uma vida sagrada (Seligman, 2004 e 2011).

A Psicologia Positiva é fundamentada em três áreas de pesquisa: 1) Estudo das emoções positivas; 2) Estudo dos traços positivos e 3) Estudo das instituições positivas. Neste terceiro aspecto, o bem-estar também é amplamente estudado, assim como os seus impactos dentro das organizações. Neste contexto, uma nova perspectiva é apontada por Cameron (2008), que ressalta os aspectos importantes sobre o olhar do líder para o colaborador, que deve promover emoções positivas, desenvolver e incentivar relações de apoio mútuo e auxiliar na busca de um profundo senso de propósito, sentido e significado do trabalho.

Cameron (2008) introduz dessa forma o conceito de **Liderança Positiva**, que se refere à implementação de ações com esse novo olhar ao colaborador, que são capazes de trazer ganhos significativos para todos envolvidos: empresa e colaborador atingem alta *performance* e são beneficiados por todas as repercussões positivas advindas desse resultado. Liderança Positiva envolve ações estratégicas da liderança, mas, muito mais do que isso, constitui uma fórmula de inspiração.

Liderança Positiva

Segundo Cameron (2008), a liderança positiva está alicerçada em quatro princípios que devem ser foco da gestão:

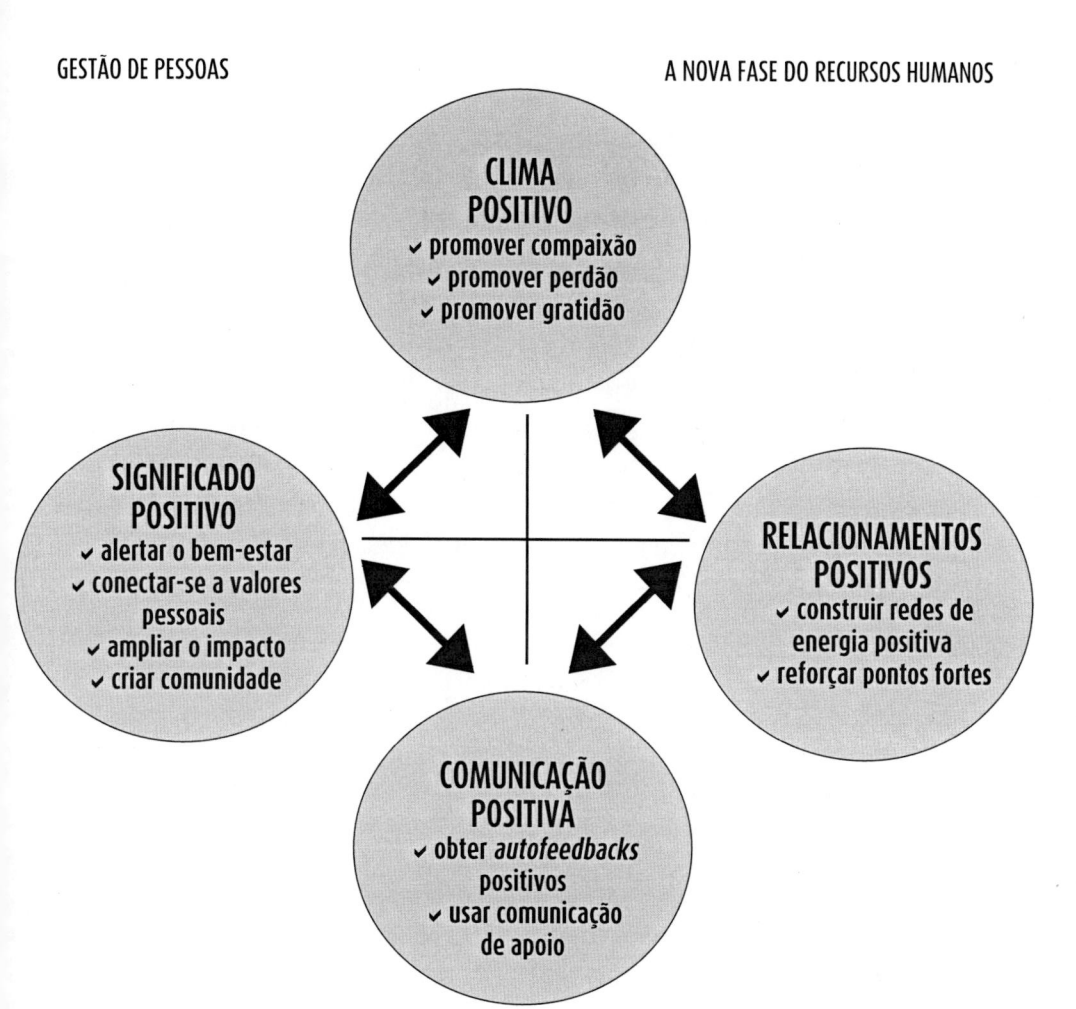

CLIMA POSITIVO
- promover compaixão
- promover perdão
- promover gratidão

SIGNIFICADO POSITIVO
- alertar o bem-estar
- conectar-se a valores pessoais
- ampliar o impacto
- criar comunidade

RELACIONAMENTOS POSITIVOS
- construir redes de energia positiva
- reforçar pontos fortes

COMUNICAÇÃO POSITIVA
- obter *autofeedbacks* positivos
- usar comunicação de apoio

1) Cultivar um clima positivo: que se refere ao favorecimento das emoções positivas no ambiente de trabalho, especificamente a compaixão, o perdão e a gratidão, proporcionando, assim, um clima favorável para o desempenho em seu melhor nível. Cameron (2008) diz que pode-se afirmar que o clima é positivo quando as pessoas no seu ambiente de trabalho experienciam mais emoções positivas do que negativas. Essa condição psicológica favorece o bem-estar subjetivo dos colaboradores, contribuindo para clima de felicidade no ambiente de trabalho. Uma instituição positiva que proporciona momentos e situações de emoções positivas no ambiente de trabalho (tais como otimismo, esperança, entre outras), auxilia no fortalecimento dos recursos intelectuais, emocionais, físicos e sociais dos seus colaboradores, sendo uma grande alavanca para a melhoria de desempenho.

2) Construir rede de relacionamentos positivos: que diz respeito à promoção de relações no ambiente de trabalho que sejam fonte de energia e aprendizado. De acordo com a professora Amy Edmondson (1999), da Universidade de Harvard, um fator importante para proporcionar uma rede de relacionamentos positivos, baseado na relação de confiança e respeito entre os membros de uma equipe é a chamada "segurança psicológica", que é a certeza que os membros poderão ter de que ninguém será humilhado, desrespeitado ou punido se falar o que pensa, pedir ajuda quando precisar ou mesmo ao falhar na realização de seu trabalho. Essa relação de confiança e respeito na equipe, de segurança psicológica, faz com que os membros sintam-se confortáveis para discutir ideias, estabelecer novas estratégias quando ocorrer uma falha, aprender e melhorar seu desempenho.

3) Promover uma comunicação positiva: que se refere à utilização de uma linguagem e uma comunicação com base afirmativa e apoiadora, alicerçada na apreciação e no encorajamento. Cameron (2008) cita duas estratégias que facilitam a comunicação positiva: *The best-self feedback* e a "comunicação apoiadora".

A primeira estratégia, *best-self feedback,* consiste na sistematização de um *feedback* positivo dos pontos fortes e das melhores ações de desempenho de uma pessoa, que é realizado por cerca de 20 pessoas que conheçam bem o indivíduo avaliado (colegas, amigos, familiares, dentre outros). Desta forma, o avaliado terá vários apontamentos por pessoas diferentes, sobre as suas ações e características pessoais que o levam a ter um excelente desempenho. De acordo com Guimarães (2012), além de auxiliar o avaliado a ter melhor noção sobre os seus talentos e pontos fortes, essa prática proporciona um clima de reciprocidade entre as pessoas que participam do levantamento.

A segunda estratégia, "comunicação apoiadora", consiste em uma forma do líder comunicar-se com sua equipe em reuniões e momentos de *feedback* de forma a encorajá-los para a melhoria de desempenho por meio de uma comunicação que ofereça os suportes técnico e emocional para isso. Cameron (2008) cita técnicas eficazes para desenvolver esse clima de parceria. Para ele o momento do *feedback*, ainda que seja corretivo (negativo), deve ser baseado nas premissas de uma comunicação: congruente, descritiva (não avaliativa), centrada no problema, validada, conjuntiva, específica, personalizada (e não generalista) e com uma escuta reflexiva.

4) Criar significados positivos para o trabalho: refere-se ao líder difundir um propósito e um significado para o trabalho realizado pelo colaborador. Para Cameron (2008), há inúmeros efeitos positivos quando um colaborador acredita haver um senso de propósito em seu trabalho, impactando diretamente seu engajamento e em sua produtividade. Sobre este aspecto Ruy Shiozawa, CEO do *Great Place To Work* Brasil, diz: "As pessoas não querem um emprego, elas estão em busca de um significado para suas vidas".

O autor Guimarães (2012) cita Dominique Clavier, que diz que por meio do trabalho é possível ter uma ideia aceitável e inteligível sobre o sentido da nossa existência. O questionamento sobre o significado do trabalho é também uma questão de reflexão sobre o sentido da vida. Para Camenron (2008), encontrar esse propósito no trabalho pode impactar diretamente na redução do estresse, da depressão, do *turnover*, do absenteísmo, da insatisfação, assim como influenciar outros fatores positivamente. Por este motivo, Guimarães (2012) afirma que é um papel fundamental da liderança investir em ações com o objetivo de proporcionar um clima propício para que sua equipe desenvolva esse tipo de percepção.

Novo olhar na Gestão de Pessoas

Com esse entendimento do ser humano, surge uma nova forma de gestão de pessoas, com o olhar voltado para o desempenho individual em seu mais alto nível, alcançado por meio de ações voltadas ao desenvolvimento humano em sua plenitude, tendo ações que levam a felicidade no trabalho permeando todas as relações. O psicólogo norte-americano Daniel Goleman (2007) diz que a felicidade é o estado emocional ideal para o trabalho eficiente, demonstrando assim que a felicidade proporciona um estado emotivo propício para as pessoas produzirem mais e de maneira mais efetiva.

Nessa mesma direção foi a constatação do autor Shawn Achor (2012), psicólogo na Universidade de Harvard, que diz que a felicidade "é capaz de proporcionar uma vantagem competitiva concreta e mensurável", visto que quando as pessoas estão mais felizes seu cérebro está mais ativo e flexível, permitindo e incentivando mais a produtividade, novas ideias e soluções de problemas.

Nessa perspectiva, o enfoque das empresas deve estar no ser humano, no seu melhor desempenho e nas condições do ambiente de trabalho que são necessárias para proporcionar bem-estar e felicidade. Para tanto é necessário obter-se uma nova forma de gestão e de se pensar no colaborador. Um exemplo seria a mudança que deve haver no foco do gestor para o desenvolvimento de sua equipe.

De acordo com Buckingham e Clifton (2008), quando um líder investe na potencialização das forças e talentos dos seus colaboradores eles poderão alcançar resultados extraordinários, pois atingem desta forma o seu potencial máximo. Para eles, é mais interessante investir tempo e energia nos talentos que o colaborador já tem, com o objetivo de potencializá-los, do que tentar desenvolver novos talentos. Dessa forma, quando a empresa investe em identificar os talentos e potencialidades de sua equipe, ela está automaticamente elevando as suas chances de alcançar excelentes resultados, visto que as pessoas estarão trabalhando com todos os recursos psicológicos e emocionais a seu favor. Entendendo os talentos dos colaboradores a empresa pode realocá-los para cargos, setores, funções e atividades onde ele naturalmente poderá colocar esses talentos no trabalho.

Felicidade no trabalho e lucro

Existe uma frase já bem comentada no ambiente corporativo que é "Felicidade no trabalho gera lucro". Essa afirmação virou o título e o tema central do livro de Márcio Fernandes, CEO da Elektro – uma das maiores empresas de distribuição de energia elétrica do Brasil –, considerado o líder mais admirado do Brasil no ano de 2014. Segundo dados do Guia Você S/A (2014), em uma pontuação de 0 a 100 (sendo 100 a satisfação plena do colaborador), ele conquistou a incrível marca de 98,3%, a maior pontuação da história da pesquisa. Em seu livro, o autor fala da "nova filosofia de gestão", uma forma de olhar o colaborador focando nas relações humanas com respeito, humanização da liderança e a felicidade do colaborador.

Indo ao encontro da visão de Fernandes (2015), estudos apontam que empresas que focam no desenvolvimento humano, na busca por auxiliar os colaboradores a se encontrarem em sua profissão e, consequentemente, serem mais felizes no trabalho, conseguem obter melhores resultados de negócio. Ou seja, o investimento no bem-estar do colaborador pode impactar diretamente nos resultados organizacionais.

Ao analisar-se o *ranking* da *Great Place To Work* (GPTW), que visa identificar melhores empresas para se trabalhar, percebe-se que as organizações que estão nas melhores colocações são também aquelas que obtiveram excelentes resultados de negócios, acima da média das outras empresas do mesmo porte e categoria. De acordo com dados publicados pela GPTW Brasil, tal análise foi realizada por economistas que observaram o *ranking* com a classificação das empresas da pesquisa da GPTW, tanto da lista das melhores empresas para se trabalhar no Brasil, quanto de outros países que também aplicam a pesquisa. Observou-se que empresas que estão nas melhores colocações no *ranking*, apresentaram bons índices de crescimento (em média 2% e 3% acima das outras) e, para a surpresa dos pesquisadores, na lista do Brasil esse percentual de crescimento foi ainda maior (em média 7%).

O autor Achor (2012), psicólogo na Universidade de Harvard, diz que a felicidade e lucro estão intimamente ligados. O autor cita pesquisas realizadas no mundo corporativo que comprovaram que colaboradores felizes melhoram os resultados em quase todos os aspectos: vendedores otimistas vendem 56% a mais, equipes com líderes encorajadores melhoram em até 31% sua produtividade e 19% estão mais precisos nas tarefas executadas.

Para Achor (2012), nosso cérebro está propenso a apresentar melhor desempenho em um ambiente que lhe proporcione mais emoções positivas. Tal afirmação corrobora com os achados de Fredrikson (2009), notória pesquisadora das emoções positivas que criou a teoria '*broaden-and-build theory*', segundo a qual as emoções positivas são capazes de expandir (*broaden*) nosso escopo cognitivo e comportamental e nos levam à construção (*build*) de recursos psicológicos e emocionais. As emoções positivas são capazes de inundar nosso cérebro de dopamina e serotonina, nos proporcionando ainda tomadas de decisões mais rápidas e efetivas.

Em resumo, estudos científicos, meta-análises, investigações de campo e a prática no mundo corporativo mostram que investir no bem-estar, no relacionamento humanizado e na felicidade do colaborador proporcionam ganhos para a empresa significativos. Poderíamos aqui elencar 10 motivos para um líder investir esse aspecto:

1) Felicidade no trabalho gera lucro;

2) O colaborador feliz eleva o seu desempenho;

3) O bem-estar no trabalho é capaz de melhor o clima organizacional, criando assim um clima positivo;

4) Empresas que trabalham com foco no colaborador retêm mais talentos;

5) Com um novo olhar para o colaborador, com respeito e valorização, é possível elevar o número de emoções positivas;

6) As emoções positivas são capazes de aumentar nosso escopo cognitivo e nos levam a tomadas de decisões mais efetivas;

7) Focar nos talentos do colaborador é mais efetivo para sua melhoria de desempenho e afeta diretamente seu bem-estar;

8) A liderança positiva, com foco nos quatro aspectos que a alicerçam, proporciona ganhos significativos em desempenho do colaborador;

9) Felicidade no trabalho é uma vantagem competitiva;

10) Sucesso da instituição como consequência direta de todas as ações anteriores.

REFERÊNCIAS BIBLIOGRÁFICAS

ACHOR, S. O jeito Harvard de ser feliz: O curso mais concorrido da melhor Universidade do mundo. São Paulo: Saraiva, 2012.

BUCKINGHAM, M. CLIFTON, D. O. Descubra seus Pontos Fortes. Editora: Sextante, 2008.

CAMERON, Kim. Positive Leadership: Strategies for Extraordinary Performance. San Francisco-Ca, BK, 2008.

EDMONDSON, A. C. Psychological safety and learning behavior in work teams. Administrative Science Quarterly, v. 44, n. 2, p. 350–383, 1999.

FERNANDES, M. Felicidade dá lucro: Lições de um dos líderes empresariais mais admirados do Brasil. Rio de Janeiro, Portfolio Penguin, 2015.

FREDRICKSON, B. L. Positividade: Descubra a força das emoções positivas, supere a negatividade e viva plenamente. Rocco, Rio de Janeiro, 2009.

GOLEMAN, D. Inteligência Emocional: A teoria revolucionária que redefine o que é ser inteligente. Rio de Janeiro, Objetiva, 2007.

GUIMARÃES, Gilberto. Liderança Positiva. Évora, São Paulo-SP, 2012.

GPTW. Disponível em http://www.greatplacetowork.com.br/ . Acesso em 10 de agosto de 2016.

GUIA VOCÊ S/A. Disponível em http://vocesa.uol.com.br/noticias/carreira/as-150-melhores-empresas-para-voce-trabalhar-2015.phtml#.V_4z8cmupnA. Acesso em 16 de agosto de 2016.

HSM MANAGEMENT. Disponível em http://experience.hsm.com.br/posts/felicidade-da-lucro. Acesso em 20 de agosto de 2016.

POSITIVE PSYCHOLOGY. Disponível em http://www. positivepsychology.org/ . Acesso em 20 de setembro de 2016.

SELIGMAN, M. E. P. Felicidade Autêntica – Usando a Psicologia Positiva para a Realização Permanente. Rio de Janeiro: Objetiva, 2004.

SELIGMAN, M. E. P. Florescer. Uma Nova Compreensão sobre a Natureza da Felicidade e do Bem-estar. Rio de Janeiro: Objetiva, 2011.

A FUNÇÃO MOTIVACIONAL DO *FEEDBACK* NAS ORGANIZAÇÕES

Priscila Averbug Fireman

Priscila Averbug Fireman

Psicóloga organizacional, *coach* com certificação internacional pelo Instituto HOLOS.
MBA em Gestão de Pessoas e MBA em Gestão Empresarial, ambos pela Fundação Getulio Vargas (FGV). Certificada pela Etalent e licenciada para aplicação da ferramenta DISC para avaliação e gestão de competências.
Empresária, diretora executiva na FIREMAN Consultoria, com ampla atuação em estudo do comportamento humano organizacional e foco em Gestão Estratégica de Pessoas, oferecendo ao mercado ferramentas inteligentes para o desenvolvimento de líderes e equipes para alavancar resultados nas organizações. É palestrante, facilitadora de treinamentos e ministra cursos de Capacitação para Gestores de Pessoas e Formação de Líderes.
Professora convidada em cursos de MBA em Gestão de Pessoas e pós-graduação em Administração.

(82) 99930-1810
priscila@firemanconsultoria.com.br
www.firemanconsultoria.com.br

Uma história sobre *feedback*

"Lara, poderia me acompanhar até a sala de reuniões? Quero apresentar o resultado da sua avaliação de desempenho."

Nesse momento, Lara arregala os olhos, engole seco e segue para a temida sala de reuniões. Ela sabia que ultimamente não estava indo bem no trabalho, não bateu as metas de vendas, sua comissão estava abaixo da média e por isso adquiriu algumas dívidas. Lara estava se esforçando para melhorar seu desempenho, mas suas estratégias não estavam surtindo efeito e ela se sentia perdida sobre como poderia melhorar. Chegou à sala de reuniões aflita, esperando ouvir o pior.

Gerente: "Bem, você aprende rápido e tem bom relacionamento com a equipe, mas a sua pontuação na avaliação não atingiu as expectativas, seu índice foi 64%. Eu tenho percebido você desanimada ultimamente, meio desmotivada, chegou atrasada alguns dias e não bateu as metas nos últimos meses. Mesmo assim, acredito que você merece mais uma chance, pois é dedicada e tem capacidade para mudar esse resultado. Espero que no mês que vem você melhore, ok?"

Lara sai da sala mais aflita do que entrou e pensa: "O gerente parecia um robô programado, não me ajudou em nada! Ele não acompanha meu trabalho, como pode dizer que estou desanimada? Não percebe meus esforços? Será que vou ser demitida mês que vem?"

Eis aqui um *feedback* malsucedido, um exemplo tão comum nas organizações. Vamos analisar? O líder apontou as falhas de Lara de forma altamente subjetiva e em nada contribuiu para o seu desenvolvimento. A liderada continua sem solução para suas dificuldades e ainda subestimou a capacidade do líder para fazer a avaliação, ou seja, a relação entre Lara e seu gerente enfraqueceu. Receber *feedback* do seu líder foi como uma punição, uma experiência negativa para Lara.

Muitas pesquisas já comprovam a eficácia da aplicação do *feedback* como uma estratégia para o desenvolvimento de pessoas com foco em alavancar melhores resultados nas empresas, mas infelizmente essa estratégia nem sempre é utilizada ou, o que é pior, é aplicada de forma inadequada.

Mas, afinal, o que é *feedback*?

O termo *feedback* é utilizado amplamente na área de gestão de pessoas, é uma palavra de origem da língua inglesa, com tradução correlata a retroalimentação, retorno. Podemos compreender que *feedback* significa o ato de uma pessoa (comunicador/emissor) expor informações, percepções, sentimentos e ideias a outra pessoa (receptor) - ou a um grupo - acerca do seu desempenho e seu comportamento, a fim de incentivar (ou não) o receptor a repetir tais comportamentos.

O *feedback* pode ser utilizado como ferramenta para diversas situações: desenvolver talentos, nivelar equipes, resolver problemas, melhorar resultados etc. Para o desenvolvimento de competências, o *feedback* é um processo de ajuda para perpetuação de comportamentos desejáveis ou mudança de comportamento; é a comunicação a uma pessoa, ou grupo, no sentido de fornecer-lhe informações sobre como sua atuação está afetando outras pessoas, o próprio trabalho e a organização. Um *feedback* eficaz ajuda o indivíduo a melhorar seu desempenho e alcançar objetivos.

A necessidade natural do ser humano de receber *feedback*

Isabela chama por sua mãe Laís, no parquinho: "Mamãe, mamãe! Olha como eu ando de bicicleta". "Parabéns, filha! Como você aprendeu rápido."

Costumo dizer que uma das formas mais divertidas e eficazes para compreender o comportamento humano é observar crianças. Veja como nesse exemplo fica fácil perceber a necessidade evidente de Isabela ter suas habilidades avaliadas por sua mãe.

Maslow, em seu estudo sobre motivação, desenvolveu a tão conhecida teoria da Pirâmide das Necessidades, revelando (entre outras coisas) que todo ser humano tem naturalmente necessidades de estima: sentir-se respeitado e valorizado por outras pessoas e por si mesmo (autoestima). De acordo com Maslow, somos motivados quando temos nossas necessidades supridas.

Ao longo da vida, recebemos *feedback*s tanto no âmbito pessoal quanto no profissional. Ter experiências de ser valorizado e reconhecido, especialmente por pessoas com as quais se têm um vínculo afetivo e/ou admiração, faz com que o indivíduo construa uma autoimagem de confiança sobre suas capacidades. Ao contrário, não ser estimado pelos outros pode gerar insegurança, medo do fracasso e senso de incapacidade. A imagem que criamos sobre nós mesmos é formada através das respostas/resultados que temos das nossas ações no mundo e isso está relacionado também a como somos percebidos pelos outros.

Tive a oportunidade de realizar uma pesquisa em uma empresa de grande porte com um grupo de cem colaboradores, os quais responderam a um questionário que mediu o desejo de receber *feedback*. A amostra de participantes da pesquisa foi bastante diversificada, entre homens e mulheres, os colaboradores ocupavam cargos diferenciados dentre 15 setores da organização, tinham entre 18 e 63 anos de idade, desde 23 dias a 26 anos de tempo de serviço. Os resultados foram muito interessantes, todos os participantes indicaram desejo de receber retorno sobre seu desempenho em três intensidades: 27% tinham muito desejo, 70% apresentaram ter desejo moderado, enquanto apenas 3% indicaram pouca necessidade. Não houve nenhuma evidência de colaboradores sem desejo de receber *feedback*.

Apesar de ser nítido que todos os seres humanos necessitam de retorno, é muito comum que os gestores não apliquem técnicas eficazes de *feedback*. Em minha prática de consultoria detecto vários exemplos de líderes intermediários que criticam seus diretores por não reconhecerem seus esforços no trabalho. Depois de escutar as queixas desses líderes, pergunto: "E vocês? Oferecem *feedback* com qualidade e frequência aos seus liderados?", geralmente recebo uma resposta desanimada: "Realmente, não tínhamos percebido isso. Estamos repetindo a mesma atitude dos nossos diretores: nós não oferecemos *feedback* à nossa equipe".

Tipos de *feedback*

Existem várias literaturas que buscam classificar os tipos de *feedback*. Dentre todos esses conceitos, apresento aqui de forma prática e objetiva as variações do *feedback*:

***Feedback* de reconhecimento (ou positivo):** quando a pessoa recebe informações de que seu desempenho está sendo bem-sucedido; quando são atribuídos elogios ao seu comportamento, devido à adequação e funcionalidade do mesmo.

Feedback instrucional (ou corretivo): quando o indivíduo recebe orientações/instruções e sugestões de como desempenhar melhor determinada tarefa para que desenvolva suas habilidades ou como pode corrigir determinados comportamentos que estão impactando negativamente a sua *performance*.

A função motivacional do *feedback*

O psicólogo behaviorista Skinner, em seus experimentos científicos comportamentais, concluiu que o comportamento humano é determinado por suas consequências. Assim, uma pessoa manterá (ou não) comportamentos semelhantes no futuro a depender da resposta que teve do ambiente. Se uma consequência for reforçadora do comportamento (positiva), o indivíduo tenderá a repeti-lo, caso contrário, provavelmente irá diminuir ou substituir/mudar o comportamento.

O *feedback* tem função motivacional quando serve como recompensa (consequência positiva). Vamos entender aqui a motivação como um processo psicológico que excita e direciona ações/comportamentos dirigidos a determinados objetivos.

Leila, uma excelente psicóloga clínica, recebe agradecimentos de um cliente: "Obrigada por ter contribuído para o meu desenvolvimento como pessoa, o seu trabalho me ajudou a conquistar várias mudanças positivas na vida, hoje me sinto mais autoconfiante para enfrentar novos desafios".

Pérola, uma nutricionista dedicada, encontra uma antiga liderada: "Doutora, vivi muitas experiências depois que você saiu da nossa empresa, quero dizer que você foi a melhor líder que já tive, aprendi muita coisa com seus ensinamentos. Muito obrigada por ter contribuído em minha carreira".

Nos exemplos aqui citados, Leila e Pérola receberam um retorno através dos elogios, foram estimuladas a repetir os comportamentos valorizados: possivelmente Leila irá continuar se esforçando para realizar excelentes atendimentos e Pérola irá entender que vale a pena permanecer ensinando e treinando mais pessoas.

Com relação à função motivacional, tanto o *feedback* de reconhecimento quanto o instrucional podem ser motivadores. O *feedback* instrucional para um colaborador que está com o desempenho abaixo do esperado pela organização pode servir como motivador, na medida em que a pessoa se estimula para, numa próxima oportunidade, melhorar seu desempenho ao nível desejado, na expectativa de ser reconhecido ou obter recompensas por isso.

Como o *feedback* gera melhores resultados na organização?

A produtividade humana não depende somente do esforço e método, mas principalmente do interesse, motivação e engajamento. É incrível como os efeitos do *feedback* geram resultados tão satisfatórios. Alguns estudos da Neuropsicologia identificaram que o *feedback* de reconhecimento ativa a mesma parte do cérebro humano que as recompensas materiais. O *feedback* é uma arma poderosa, e o melhor: é grátis!

Vamos entender a função motivacional do *feedback* e os efeitos na *performance* organizacional através de um exemplo prático: Rafael, um consultor imobiliário, tem um excelente desempenho ao alcançar uma meta desafiadora. Seu líder e colegas de trabalho valorizam sua atuação. Esse comportamento de vender muitos imóveis operou mudanças no ambiente, melhorando o faturamento da empresa. Ao emitir um *feedback* de reconhecimento, seu líder gerou uma consequência positiva e que possivelmente funcionará como um reforço positivo para o comportamento desejável de Rafael (atingir novas metas), pois um padrão de desempenho bem recompensado vale a pena ser repetido na expectativa de que a recompensa também se repita.

Outro efeito do comportamento de Rafael é a aprendizagem da equipe por modelagem (seguir um modelo de comportamento), uma vez que a valorização de sua *performance* (*feedback* positivo) provocará nos seus colegas de trabalho uma expectativa de recompensa: "Se eu me destacar assim como ele, também serei valorizado e recompensado".

E sobre a punição?

De modo geral as empresas utilizam a punição (advertências, suspensões etc.) para controlar o comportamento dos colaboradores. Veja bem, não venho dizer que a punição não deve ser aplicada quando necessário, mas que se não for balanceada com reconhecimentos pode gerar um efeito contrário: a punição passa a ser recompensa. Como assim? Punição pode ter função de recompensa? Sim! Quando se utiliza constantemente a punição, o colaborador entende que se não cometer erros a recompensa é: não ser punido.

Outro ponto é que a punição por si própria estimula que o indivíduo suprima/reduza os comportamentos indesejáveis, mas não promove comportamentos desejáveis. Uma cultura voltada para punição favorece uma relação pouco confiável e de tensão entre pessoas, aumento do nível de estresse e tendência à mentira, especialmente para esconder erros.

Na prática, destacar bons comportamentos é melhor que destacar os ruins, já que o reconhecimento é mais eficaz para estimular comportamentos desejáveis. Por exemplo, em vez de fazer um comunicado reprovador na reunião: "17% da equipe ainda não concluiu a meta do projeto", é mais eficaz dizer "83% da equipe concluiu com sucesso a meta. Estou muito feliz e grato por isso!" Ao valorizar os colaboradores bem-sucedidos, a empresa intrinsecamente dissemina a mensagem: "É isso que consideramos uma boa *performance*". Assim, aqueles que completaram a tarefa terão os seus esforços reconhecidos e os outros irão entender que estão em descompasso com seus colegas.

É importante que as empresas promovam ações que estimulem as pessoas a receberem *feedbacks* e entenderem essa prática como uma ferramenta de aprendizagem.

Aprenda algumas técnicas de *feedback*

É fato que não existe método perfeito para aplicação do *feedback*, especialmente porque é um processo de comunicação entre pessoas, envolve uma complexidade de fatores e contingências que irão contribuir ou não para sua eficácia. Entretanto, sugiro aqui algumas técnicas que servirão como orientações para você e podem facilitar uma melhor aplicação dessa prática (que pode ser individual ou em grupo):

✓ **Planeje o *feedback*:** se possível, defina o local, faça um resumo do que precisa pontuar e ensaie como irá abordar cada assunto, pensando no tom de voz, palavras utilizadas, provável reação do receptor, se o mesmo está preparado para receber o *feedback* etc.

✓ **Momento:** tente oferecer o *feedback* no momento mais próximo possível do comportamento do colaborador, assim os efeitos da associação comportamento x resultados serão mais fixados. Entretanto, fique atento para avaliar o contexto, por exemplo: aplicar *feedback* corretivo em um momento de conflito ou alta tensão, no qual o receptor (ou você) não está com equilíbrio emocional, pode gerar ainda mais problemas.

✓ **Faça o *rapport*:** inicie um bate-papo quebra-gelo. Geralmente o *feedback* é um momento de desconforto tanto para você quanto para o receptor. Você pode iniciar explicando o motivo do encontro, falar rapidamente sobre assuntos do trabalho etc.

✓ **Foco no comportamento e não na pessoa:** seu objetivo é incentivar comportamentos assertivos e/ou estimular a diminuição de comportamentos inadequados, assim, evite atribuir características ou rótulos às pessoas. Em vez de dizer: "Júlio, você está mal-humorado!", diga: "Júlio, eu percebi que hoje você não se comunicou com a equipe com a mesma frequência, em determinado momento você agiu com rispidez quando solicitou o documento ao seu colega".

✓ **Descreva fatos e dados:** para que seu *feedback* seja significativo e objetivo, procure comprovar sua percepção apresentando indicadores, fatos que evidenciem determinados comportamentos. Pode ser o número de produtos vendidos, de clientes satisfeitos, de dinheiro poupado pela organização, de faltas etc. Isso facilitará que o receptor faça uma interpretação mais assertiva e identifique mais rapidamente o comportamento que necessita melhorar.

✓ **Mantenha o controle emocional:** por vezes você pode estar irritado com a pessoa à qual irá transmitir o retorno, mas lembre-se de que o objetivo é gerar aprendizagem/desenvolvimento e não o conflito, então, exercite controle emocional para evitar um *feedback* ofensivo.

✓ **Faça uma escuta ativa:** o *feedback* é uma conversa e não um monólogo, é importante que se possa dar a oportunidade para o receptor interagir, tirar dúvidas, expor seu ponto de vista e, se possível, chegar a um consenso sobre o que deve ser feito para melhorar. É importante que você identifique se as informações que emitiu foram de fato compreendidas pelo receptor. Esteja aberto também para receber *feedback*.

✓ **Elabore um plano de ação:** estimule o receptor a pensar sobre que tipo de ações deve adotar para melhorar seu desempenho, quais comportamentos deve evitar e quais deve praticar, juntos vocês podem definir um caminho de treinamento e aprendizagem para o receptor. É interessante que sejam acordados prazos, métodos e indicadores para acompanhamento do plano de ação.

Está pronto para emitir e receber *feedbacks*? O *feedback* é uma ferramenta eficaz quando praticado de forma contínua e se torna comportamento natural dentro da cultura organizacional.

15
O PAPEL DA QUALIDADE DE VIDA NO PROCESSO DE GESTÃO DE PESSOAS

Ricardo Tóffoli

Ricardo Tóffoli

Coach pelo Instituto HOLOS, realizou todas as formações: Life Coach, Máster Coach, Liderança Blue-U e Advanced. Coach de Qualidade de Vida e Emagrecimento pelo Metaforum, universidade internacional. Professor de Educação Física pela Faculdade de Ed. Física da ACM de Sorocaba; especialista em Qualidade de Vida pela PUC e ABQV, da qual foi representante na região de Sorocaba entre 2009 e 2013; membro do dep. de Medicina e Segurança do Trabalho do Ciesp de Sorocaba; proprietário do Grupo Metha – QV Company, especializado em implantação e gestão de programas de qualidade de vida no trabalho, desenvolvendo atividades como ginástica laboral, ergonomia, gestão de clubes de empresa, esporte, lazer e *fitness* corporativo; *coach* de Qualidade de Vida para pessoas e organizações.

(15) 3411-1475 / 99715-6077
ricardo@qvcompany.com.br
www.qvcompany.com.br

Há exatos 20 anos, tive a oportunidade de iniciar minha carreira como coordenador de programas de qualidade de vida em empresas. Desde lá, foi fácil perceber a associação desses programas à gestão de pessoas no trabalho. Afinal, como seria possível fazer isso sem nos preocuparmos com a qualidade de vida delas? Limitar a gestão de pessoas apenas aos quesitos técnicos e operacionais da profissão seria, no mínimo, uma péssima estratégia, pois estaríamos desconsiderando o "ser humano" que há por trás do profissional, suas características pessoais, sua saúde, família, aspectos emocionais, personalidade, entre tantas outras facetas que exercem grande influência no seu desempenho.

Qualidade de vida no trabalho

Defino qualidade de vida no trabalho como o resultado de um conjunto de ações que envolvem a implantação de melhorias e inovações gerenciais, tecnológicas e estruturais no ambiente de trabalho, com ênfase na gestão de pessoas. Trata-se de uma ação multidisciplinar sob orientação do RH em parceria com a Medicina do Trabalho, segurança do trabalho, agremiação, entre outros setores, com o apoio e a participação integral da cúpula da empresa.

Tais ações, além de promoverem a qualidade de vida do indivíduo, geram outros tantos benefícios, tais como: o exercício do trabalho em equipe, integração entre pessoas e setores, identidade com a empresa, responsabilidade social, motivação e um ambiente de trabalho mais feliz e harmonioso.

Para compreender melhor o tema, faremos uma abordagem resumida da qualidade de vida com relação à saúde física, emocional, espiritual e às condições do ambiente em que vivemos, inclusive o do trabalho.

A dimensão física

A dimensão física diz respeito aos cuidados com o nosso corpo. Nesse aspecto, a prática de atividade física, a alimentação saudável e o sono regrado são a sua base. Diversas pesquisas apontam o sedentarismo como o maior fator de risco de morte, à frente da obesidade.

Força e resistência muscular nos permitem carregar e mover cargas e sustentar nosso esqueleto, aliviando as articulações da sobrecarga. A falta de força muscular é um dos grandes fatores geradores de DORT (Doenças Osteomusculares Resultantes do Trabalho). O sedentarismo deixa a musculatura flácida e fraca, fazendo com que toda sobrecarga recaia nos ligamentos, articulações e ossos, provocando lesões.

A alimentação é outro fator importante. A sociedade atual vem recorrendo em demasia à alimentação industrializada. O resultado é uma alimentação ruim, com pouca qualidade nutritiva e que, associada ao sedentarismo, vem produzindo um número cada vez maior de indivíduos obesos ou com excesso de peso. Essa situação, por sua vez, traz consigo todos os males conhecidos, como hipertensão, colesterol, diabetes, alguns tipos de câncer etc.

Essa preocupação também está presente no meio corporativo, onde as ações envolvendo alimentação saudável lideram o *ranking* das boas práticas empresariais para a promoção da qualidade de vida, com 88,5%, segundo pesquisa da ABQV com 27 empresas do Brasil, em 2007.

Dormir bem também faz bem. Não devemos nos esquecer de que o sono é a nossa principal fonte restauradora de energias, além da boa alimentação. Ele compõe, com a atividade física e a alimentação saudável, o tripé da dimensão física com relação à qualidade de vida.

O ser humano foi concebido como um ser diurno, ou seja, durante o dia ele luta pela sua sobrevivência e à noite ele descansa. Porém, da metade do século passado para cá, temos interferido nesse processo, reduzindo nossas horas de sono ou trocando a noite pelo dia. Hábitos ruins como madrugar na *internet* ou na televisão e até mesmo a adoção do terceiro turno de trabalho por um grande número de empresas incomodam o organismo.

A dimensão emocional

Essa dimensão trata do equilíbrio das emoções, entre elas motivação e entusiasmo, sensação de paz, felicidade, alegria e tranquilidade, tristezas, angústias e depressões. Trata também da administração de conflitos, responsáveis por boa parte do estresse do dia a dia.

Estar num estado psíquico adequado contribui para tomarmos as melhores decisões, com a clareza, prudência e assertividade que elas exigem. Dessa forma encontramos paz e tranquilidade dentro de nós e no ambiente que nos cerca. Podemos chamar isso de "centramento". Estar centrado ou concentrado é estar equilibrado emocionalmente, quesito importante na busca da felicidade.

A Fundação Instituto Administração – FIA, responsável pela pesquisa que classifica as melhores empresas para se trabalhar da Revista Exame Você/SA, desenvolveu o "Índice de Felicidade no Trabalho". São dois aspectos: a "Qualidade do Ambiente de Trabalho", que representa 70% da nota da empresa. Essa avaliação verifica a identidade do trabalhador com a empresa, a satisfação e motivação, a oferta de aprendizado e desenvolvimento e a qualidade da liderança.

O outro aspecto é a "Qualidade da Gestão de Pessoas", que responde por 25% da nota. Avalia remuneração, benefícios, carreira, educação, saúde, segurança, ações de qualidade de vida e a responsabilidade social.

Essas avaliações estão associadas ao cuidado com as pessoas, à segurança do ambiente, ao meio ambiente e à sociedade que cerca a empresa. São ações de qualidade de vida e que estão relacionadas à liderança, fundamentalmente a um gestor de visão sistêmica e ampla, com sensibilidade suficiente para compreender os benefícios e valores gerados pelo programa aos trabalhadores e o quanto estes retribuem trabalhando felizes e motivados.

A dimensão social

A dimensão social observa a relação do indivíduo com o coletivo, o público, ou seja, como ele se relaciona e se comporta na célula social.

Nessa dimensão, nota-se a importância de ser participativo, proativo, e cooperativo, qualidades fundamentais para uma boa relação social e que estão ligadas a traços de personalidade como a extroversão, desinibição, simpatia, e valores como honestidade, caráter e integridade.

No ambiente de trabalho, quando se fala de equipe, todos esses aspectos são importantes e visíveis em seus integrantes, com destaque ao líder que, além disso tudo, deve somar qualidades como o altruísmo, alto poder de decisão, foco e condução, entre outras características de um bom líder.

Já se percebe um grande avanço dessa consciência no meio corporativo. A responsabilidade social praticada pelas organizações tem como essência a filosofia de atender sua comunidade. E a primeira comunidade de uma empresa são os seus funcionários e colaboradores. Isso significa que não podemos dar esmola aos outros quando nossos filhos passam fome.

No dia a dia, o social se apresenta de várias formas no ambiente de trabalho. Uma delas é a famosa "equipe" de trabalho. Ela não se resume apenas em trabalhar para produzir bastante, mas que seus membros trabalhem felizes, motivados, com saúde e num ambiente de amizade, respeito e colaboração.

Ou seja, a equipe de trabalho é ou deve ser uma pequena célula social onde uns se preocupam com os outros, se gostam e desejam o bem comum. Isso transcende o trabalho. A empresa que tem essa percepção trabalha essa questão e obtém, além de melhores resultados, aquela "identidade" ou "identificação" com o seu funcionário. Com certeza, esse vai vestir a camisa.

A dimensão espiritual

Segundo Hélio Penna Guimarães, a espiritualidade pode ser definida como uma "propensão humana a buscar significado para a vida por meio de conceitos que transcendem o tangível, à procura de um sentido de conexão com algo maior que si próprio". É o que justifica a existência de uma entidade suprema, de um criador, de Deus, responsável pela existência das coisas e que tenta explicar que a vida não surgiu do nada. A espiritualidade traduz o modo de viver característico de uma pessoa que busca alcançar a plenitude da sua relação com o transcendental e cada doutrina religiosa tem a sua forma de abordar a questão.

No trabalho, como em outras células sociais, ela pode estar ligada ao que chamamos de campo energético, ou "tensor", que é o clima, aqui em harmonia com a dimensão emocional. Segundo Einsten, o tensor ou clima é um campo sutil formado por movimentos. É percebido pela sensibilidade e entendido pela razão. É ele quem determina a ordem natural das coisas e o desencadeamento dos processos e acontecimentos.

E, o mais importante: o sucesso das mudanças só ocorre quando há massa crítica que sustente o tensor correspondente. Em outras palavras, para que uma mudança positiva aconteça é necessário um tensor positivo gerado por uma mentalidade positiva, individual ou de equipe. Isso só é possível no mais perfeito estado de equilíbrio.

É fundamental agora fecharmos o pacote. Entender que todas as dimensões se manifestam simultaneamente e que somos os responsáveis para que elas atuem da forma mais equilibrada possível. Não há a menor possibilidade de "desligarmos" uma para "ligarmos" outra. Devemos aprender a nos harmonizar com elas, lidando com seus pontos fortes e fracos em busca do nosso melhor.

Pessoa, trabalho e empresa

Finalizando este capítulo, gosto muito de abordar o tema gestão de pessoas e qualidade de vida no trabalho, observando seus três principais personagens: a pessoa, o trabalho e a empresa.

Tudo aquilo que diz respeito à qualidade de vida no trabalho passa por esses três personagens. A pessoa é o "quem". É o começo, meio e fim. É a pessoa que deve pensar e agir com qualidade de vida. É ela quem escolhe ter um estilo de vida saudável. O que comer, que exercícios fazer, dormir bem e se relacionar bem com outras pessoas. Esse é o seu papel. Pensando e agindo assim, ela assume a sua responsabilidade em ter uma boa qualidade de vida.

O trabalho é o "quê". Mais do que sustento ou oferta de recurso econômico, deve ser algo que realiza, que promova o crescimento e desenvolvimento da pessoa. É o que o filósofo Mário Sérgio Cortella chama de "obra". O trabalho como uma obra exige planejamento, investimento, dedicação, esforço e tudo isso é aprendizado e conhecimento. É o que nos enriquece, nos dá dignidade, nos realiza e resulta em sucesso.

Já a empresa é o "onde". Onde tudo acontece, onde pessoa (quem) e trabalho (o quê) entram em ação. É nesse ambiente que as pessoas crescem e se desenvolvem e o trabalho, muito mais do que produtos, gera valores. Por isso precisamos investir todos os nossos esforços para que esse ambiente seja o melhor possível. Bem estruturado, seguro e salubre, onde pessoas possam trabalhar e conviver em harmonia.

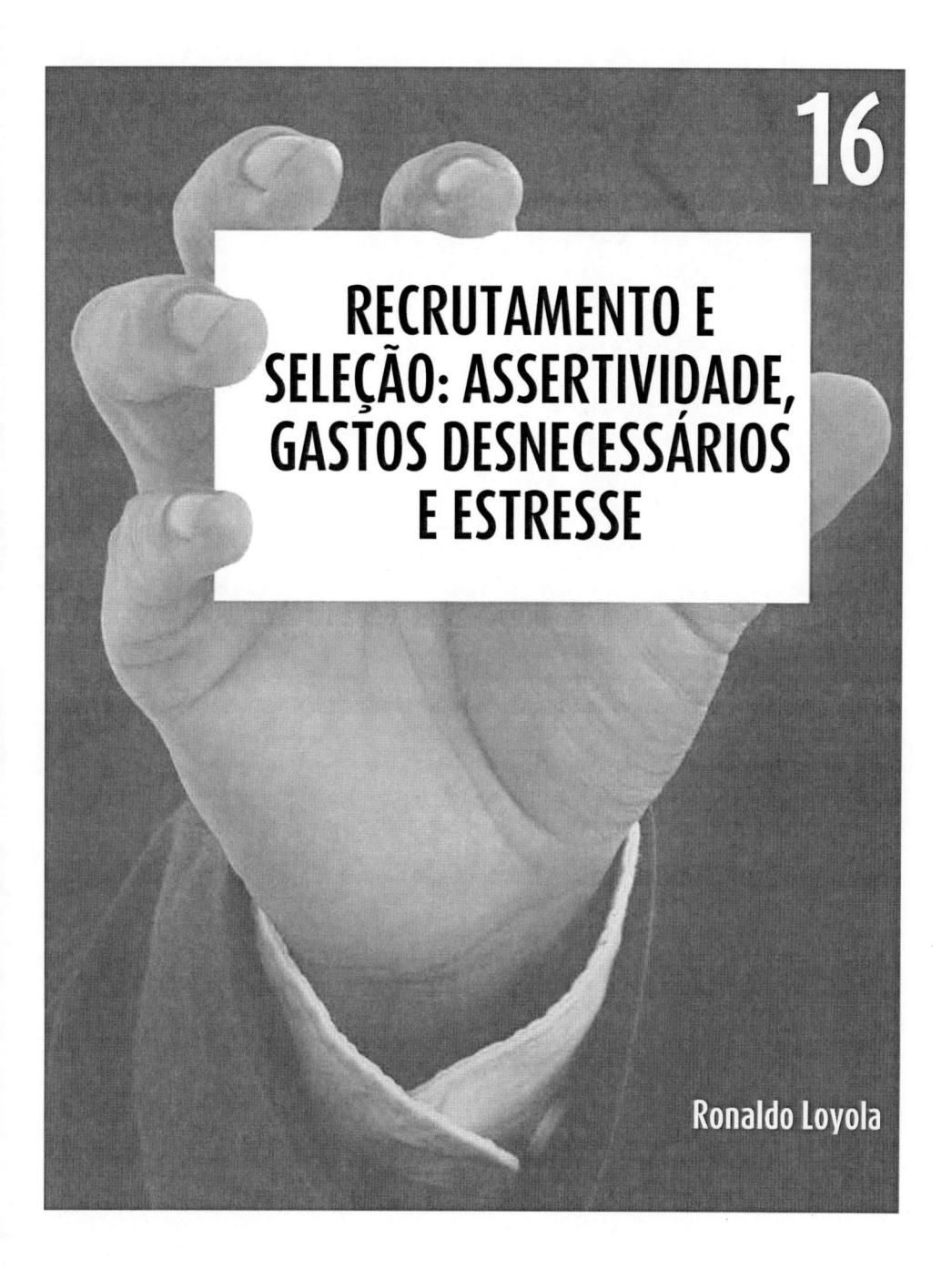

RECRUTAMENTO E SELEÇÃO: ASSERTIVIDADE, GASTOS DESNECESSÁRIOS E ESTRESSE

Ronaldo Loyola

Ronaldo Loyola

Executivo com mais de 28 anos de experiência corporativa, tendo ocupado posições de primeira linha em empresas dos segmentos de serviços, comércio e indústria. Pós-graduado em Medicina Comportamental pelo Centro de Estudos ligado ao Departamento de Psicobiologia da Unifesp; pós-graduado em Psicologia Organizacional pelo Mackenzie; MBA em Gestão de Pessoas pela FGV; especialização em Business and Management pela University of California – USA; MBA em Gestão Empresarial pela FGV; graduado em Administração de Empresas e em Ciências Contábeis. Possui formação em Hipnose Moderna pela SBPNL (Sociedade Brasileira de PNL) e Programação Neurolinguística pelo MSI – Master Solution Institute. Docente nos cursos de graduação nas disciplinas de Cultura e Comportamento Organizacional, Políticas de Recursos Humanos, Recrutamento & Seleção e Treinamento e Desenvolvimento. Empresário, sócio-fundador da Loyfer Human Capital Solutions.

(11) 96182.0110
ronaldo.loyola@loyfer.com.br
www.loyfer.com.br

Atuando em processos de recrutamento e seleção por mais de 25 anos, tenho observado ao longo desse tempo o grande número de empresas que contratam profissionais não adequados para a função e ainda gastam muito dinheiro durante e após a contratação do novo colaborador.

Numa sociedade baseada em conhecimento, na qual gerir pessoas tornou-se um fator crucial para a sobrevivência de qualquer negócio, muitos empresários ainda não perceberam o papel estratégico de se fazer uma boa contratação, seja para qual for a função. Diferentemente do passado, hoje, além de o trabalho requerer profissionais com múltiplas competências e uma visão mais ampliada de se trabalhar em time, os aspectos social e humano devem ser muito considerados na escolha do candidato.

Normalmente, inicia-se o trabalho de recrutamento e seleção através de uma análise do perfil do cargo, obtendo-se informações a respeito das tarefas, deveres e responsabilidades, além das competências, conhecimentos e habilidades que o candidato deverá possuir para a função. No entanto, considero que as áreas de recursos humanos das empresas acabam deixando de lado um aspecto bem mais importante, antes que qualquer análise de cargo, para a busca do candidato mais próximo do perfil desejado: um aprofundamento na cultura organizacional da empresa, no ambiente de trabalho na qual o novo colaborador contratado irá trabalhar e levantamento de alguns traços da personalidade e comportamentos das pessoas que farão parte de sua equipe de trabalho.

Vamos considerar uma situação na qual uma empresa decide aumentar seu quadro de profissionais abrindo uma nova vaga de secretária para atuar com um novo diretor recém-promovido na empresa. Este exemplo é real e, evidentemente, será preservado o nome da companhia.

Na requisição recebida pela área de RH, resumidamente constavam as seguintes informações:

• Sexo feminino;
• Idade entre 30 e 45 anos;
• Preferencialmente morar na zona sul;
• Inglês fluente;
• Experiência mínima de cinco anos na função;
• Possuir excelente habilidade em comunicação oral e escrita;

- Ter disponibilidade de horário;
- Formação em Secretariado Executivo;
- Discrição;
- Comprometimento;
- Excelente relacionamento interpessoal;
- Conhecimento avançado em pacote Office;
- Pacote de remuneração: R$ 7.000,00 + benefícios.

Imediatamente, iniciou-se o trabalho frenético para buscar esta profissional, considerando-se que o novo diretor exigia a admissão da nova secretária com a maior urgência possível.

Colocando em prática toda a metodologia de trabalho que deve ser aplicada numa nova contratação, a área de RH da empresa efetuou a análise minuciosa do perfil do cargo, definiu as fontes para captação das candidatas, fez a divulgação através de anúncios em portais, órgãos de classe etc., decidiu quais etapas fariam parte do processo de seleção (testes de inteligência, lógica, proficiência da língua inglesa, inventário de personalidade e qual a estratégia da entrevista individual) e, por fim, promoveu a entrevista final com o novo diretor da área.

Após duas semanas de intenso trabalho e total comprometimento de todo o time da área de RH, quatro candidatas foram encaminhadas para a entrevista final com o novo diretor. No entanto, as mesmas tiveram de ser entrevistadas pela secretária sênior em conjunto com o gerente administrativo da empresa, visto que o novo diretor não tinha tempo para realizar as aludidas entrevistas.

A candidata aprovada possuía um currículo invejável: 20 anos de experiência numa grande multinacional, graduação em administração de empresas e secretariado executivo, inglês e espanhol fluentes, comunicativa, simpática, solteira, filha única e morando com os pais. Logo após a sua admissão, a nova secretária ficou exatamente 21 dias na empresa. Pediu demissão e saiu totalmente decepcionada dessa companhia.

Vamos aos principais fatos evidenciados durante sua entrevista de desligamento:

- Por ser tratar de uma empresa familiar, onde todas as decisões eram centralizadas no fundador, em razão da cultura organizacional da companhia, os processos internos eram morosos e engessados;

- Além do fundador, praticamente todos os diretores tinham o hábito de expor seus funcionários a situações humilhantes e constrangedoras, principalmente em relação ao desrespeito com as secretárias;
- Durante o convívio com as demais secretárias, ficou claro que as atividades exercidas pelas mesmas estavam em total discrepância com as requeridas na descrição de cargos da função de uma secretária executiva;
- O posto de trabalho no qual a nova secretária foi alocada não dispunha dos recursos mínimos funcionando corretamente para o exercício de sua função (computador, telefone, cadeira e mesa);
- O ambiente que circundava sua célula de trabalho era de fofocas, indiscrição e improdutividade entre as pessoas.

Enfim, após a realização de um diagnóstico apenas para este caso, em 15 meses quatro secretárias já haviam trabalhado com este novo diretor, tendo como consequência:

- Três desligamentos efetuados pela empresa após o prazo de experiência;
- Um pedido de demissão dentro do prazo de experiência;
- Um processo trabalhista movido com a justificativa de assédio moral;
- Aproximadamente 50 mil reais em gastos diretos com o custo do recrutamento e seleção e indenizações/encargos trabalhistas.

Agora vamos voltar ao início deste texto, dentro de minha linha de pensamento. Será que o aspecto social e humano não deveria ser considerado na escolha do candidato? Será que o responsável pela área de RH não deveria conhecer a fundo a cultura organizacional da empresa na qual trabalha? Será que não valeria a pena traçar um perfil psicológico desses líderes em cujos departamentos seriam inseridos esses futuros colaboradores? Será que aquele candidato com o perfil mais próximo do ponto de vista técnico e comportamental era o mais adequado para a função? Será que durante a entrevista um maior aprofundamento nos valores pessoais e histórico de vivência familiar não poderiam elucidar melhor o real perfil do candidato? Será que não valeria a pena customizar algumas dinâmicas de grupo expondo a verdadeira realidade da empresa, a fim de observar a reação dos candidatos? Será que os líderes da empresa não deveriam ser treinados no sentido de efetuar entrevistas com candidatos sabendo evitar as distorções perceptivas? Poderia ficar aqui mencionando uma imensidão de questões que nos levariam a uma reflexão muito mais profunda em relação à escolha mais assertiva do candidato ideal para esta vaga.

Recrutar e selecionar pessoas sempre ensejará dúvidas a respeito de sabermos se o candidato escolhido é o ideal para a vaga em questão. Jamais seremos 100% assertivos levando-se em conta que trabalhamos com uma ciência humana. Em minhas palestras, consultorias e processos seletivos que desenvolvo para as empresas, costumo falar que somos totalmente mais assertivos quando temos:

• Uma equipe na área de RH de alto gabarito, ou seja, com profissionais diferenciados e em constante desenvolvimento técnico;

• Um RH estratégico, onde todas as pessoas se comprometam a alcançar os objetivos empresariais, saibam trabalhar em times e compartilhem seus conhecimentos com a organização;

• Líderes que percebam que a grande vantagem competitiva de uma organização está nas pessoas, e que jamais um líder deve delegar a escolha dos novos profissionais;

• Criação de uma gestão de alta *performance* no RH, em que através de uma metodologia adequada a empresa aplique corretamente os recursos nos processos de recrutamento e seleção, e minimize gastos no futuro com indenizações e escolhas erradas.

Outro ponto a ser colocado em questão deve-se ao fato de, muitas vezes, não contratarmos as pessoas certas para o lugar adequado na empresa. Além do custo financeiro envolvido com as perdas já mencionadas no processo de recrutamento e seleção, gastos com treinamentos e indenizações, temos o chamado estresse emocional que causamos às pessoas.

Vamos apenas exemplificar o caso da contratação de um novo colaborador que acaba trabalhando numa função da qual não gosta e ainda perdura por muito tempo nesta situação. Com certeza, teremos na organização um profissional estressado. Se voltarmos novamente ao aspecto social e humano, muitas organizações se declaram muitíssimo preocupadas com a questão da qualidade de vida de seus colaboradores. Será?

Se definirmos o estresse como um estado de tensão, que causa ruptura no equilíbrio interno do organismo, ou seja, um estado de tensão patogênico, podemos afirmar que a maioria de nós vive num estresse emocional, nos dias atuais. A competição excessiva, o desejo intenso de "possuir", a pressa, o medo do outro na empresa, a pressão diária que as pessoas bem-sucedidas se impõem inegavelmente afetam a qualidade de vida. Afinal de contas, uma vida de insegurança e incerteza necessariamente fica aquém do que se almeja como uma vida de boa qualidade.

Sem nenhuma dúvida, nossos hábitos de vida são bem diferentes de antigamente, quando nem sempre representam avanços do ponto de vista de qualidade de vida. As empresas necessitam entender que qualidade de vida só pode ser boa se ela estiver acertada nos quadrantes social, afetivo, profissional e de saúde.

Vivemos num mundo de mudanças que exige adaptação por parte do organismo, causando um certo nível de estresse. Portanto, toda e qualquer mudança dentro de uma empresa é um fator que gera desequilíbrio no colaborador. À medida que passamos por mudanças no nosso dia a dia, utilizamos reservas de energia adaptativa e, consequentemente, nossa resistência (física e mental) acaba enfraquecendo, dando origem a inúmeras doenças psicofisiológicas interpretadas como estresse emocional. Não é à toa que no século passado a causa mais frequente de morte era a infecção e hoje são as doenças cardiovasculares, sem falar nos males causados pelas doenças psicossomáticas (síndrome do pânico, depressão, distúrbios endócrinos, dependência das drogas, álcool, medicamentos etc.).

Podemos concluir que no simples contexto do processo de atração de pessoas, ou seja, durante a fase de recrutamento e seleção, hoje fica muito mais evidente identificarmos pessoas com expectativas irrealistas, cognições distorcidas, sonhos inalcançáveis, desejos e fantasias fora de sua realidade, em que muitas vezes a empresa em nada poderá ajudar, ao contrário, só contribuirá para a produção excessiva de catecolaminas e cortisol.

Recrutar e selecionar é um trabalho de extrema importância e responsabilidade para a empresa e principalmente para o candidato. Pense nisto.

Agradeço aos principais protagonistas e incentivadores deste novo projeto: minha equipe da Loyfer, minha família (Débora, Matheus e Maria Giovanna) e minha querida irmã Márcia que, recentemente, foi morar com os anjos.

17

A INFLUÊNCIA POSITIVA DA LIDERANÇA NO DESENVOLVIMENTO DE UMA EQUIPE

Víctor Costa

Víctor Costa

Bacharel em Ciências Econômicas, pela Universidade Estadual de Goiás/UEG.
MBA em Liderança Executiva e Gestão Empresarial, pelo Instituto de Pós-Graduação/Ipog; profissional com mais de 16 anos de experiência no meio corporativo com atuação no setor privado e no setor público, com ênfase nas áreas de estratégia, gestão (administrativa, financeira e de recursos humanos) e operações.
Gestor de projetos pela instituição Sebrae-GO; instrutor de cursos coorporativos e consultor empresarial; certificado em gestão empresarial e também em gestão de projetos pela Cespe/UNB. Professor de MBA nas áreas de gestão e comportamental.

(62) 98148-8542 / (62) 3639-2781
victorecon.gestor@gmail.com

Introdução

Para STONER (2009, p.344), "liderança é o processo de dirigir e influenciar as atividades relacionadas às tarefas dos membros de um grupo".

A liderança constitui um dos ativos intangíveis da administração, ou seja, não pode ser mensurada. Todavia, uma liderança positiva gera inúmeros resultados indiretos, sejam econômicos, organizacionais ou institucionais.

IUDÍCIBUS (1997, p.203) citando Kohler esclarece sobre os ativos intangíveis: "[...] Ativos de capital que não têm existências físicas, cujo valor é limitado pelos direitos e benefícios que, antecipadamente, sua posse confere ao proprietário".

As pessoas quando se deparam com resultados extraordinários e repentinos costumam dizer que foi por sorte ou pelo acaso, porém, se esquecem de fatores e atitudes que não podem ser aferidos, mas que bem trabalhados e na dosagem certa alavancam negócios e empreendimentos. A liderança é um desses fatores que, quando exercida corretamente, transforma pessoas, empresas, países e até culturas.

Dizer que um líder tem o poder de moldar um indivíduo pode parecer exagero, mas não é. As atitudes de um líder podem sim transformar seus liderados e essa transformação poder ser positiva ou não. Um colaborador que enxerga em seu superior hierárquico um modelo de retidão, competência, justiça e generosidade molda com o tempo suas próprias atitudes espelhadas nesse líder. Se somarmos tudo isso a um ambiente saudável, harmônico e feliz de trabalho, a transformação não será somente profissional, mas também em sua vida pessoal, gerando assim um ciclo virtuoso, que certamente resultará em lealdade e resultados incríveis.

Para Maximiano (2000), existem três tipos de líder: o autoritário, o liberal e o democrático. Segundo o autor, cada um gera sentimentos positivos, negativos ou de indiferença. Esses sentimentos compõem o clima organizacional. Fica claro, então, o quanto o líder e seu estilo de liderança afetam o clima da instituição para estimulante e saudável ou não. Ainda segundo o mesmo autor, é o líder que tem o papel de criar as condições para a automotivação e autogestão dos colaboradores.

Motivação

Pensar a equipe como um organismo vivo e dinâmico e não trabalhar a motivação é como ter um veículo e não alimentá-lo energeticamente. O perfil motivador de um líder não só traz satisfação para seus liderados, como também gera resultados e crescimento profissional.

Um claro exemplo do poder da motivação está nos esportes coletivos, quando o técnico transparece paixão pelo que faz, transforma isso em incentivo e apoio, elementos primordiais para a vitória. O líder, quando compreende sua importância quanto ao entusiasmo de seus liderados e trabalha em si esta característica (motivador), extrai o melhor de cada um, além de ter uma equipe mais harmônica e sinérgica.

Segundo Maslow, as necessidades básicas estão divididas em duas: necessidades primárias e necessidades secundárias (*apud* VERGARA, 2000, p. 44). Como mostra a Figura 1:

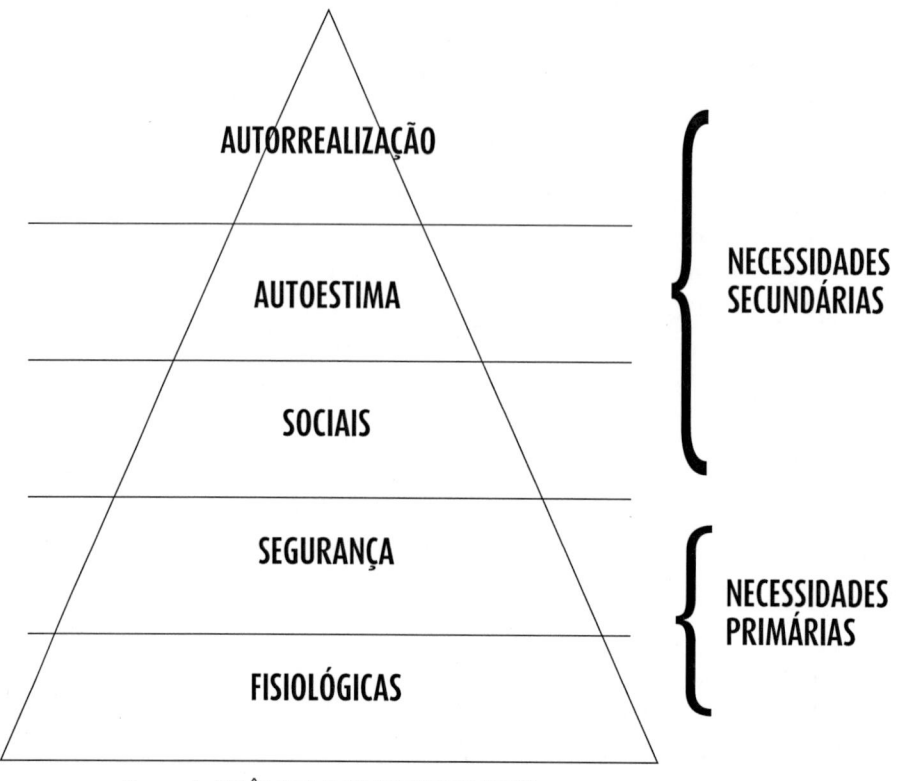

Figura 1: PIRÂMIDE DAS NECESSIDADES

A pirâmide das necessidades demonstrada na Figura 1 elucida com clareza que as necessidades se elevam à medida que vão sendo alcançadas. Fica claro o tamanho do desafio do líder em manter motivada sua equipe mesmo quando as recompensas ficam mais complexas à medida que os degraus são galgados. Neste ponto, entra em cena o líder motivador, apresentando de forma criativa alternativas para manter o comprometimento de sua equipe, aflorando o melhor, mesmo em um cenário adverso.

Segundo Chiavenato (1999, p. 96), "o líder capaz de reduzir as incertezas do trabalho é tido como um motivador, porque aumenta a expectativa dos subordinados de que seus esforços levarão às recompensas procuradas".

Além de ser uma referência e um suporte, o líder precisa incentivar a contribuição da equipe com novas ideias, processos e ações. Tal atitude leva ao sentimento de pertencimento e quando o indivíduo se sente incluído trabalha mais feliz.

AMÁBILE (1999, p. 114) descreve que as práticas de gestão que desmotivam os colaboradores são: "Não dar aos funcionários trabalhos adequados, os resultados acabam sendo insatisfatórios para todos; a mudança ou falta de definição clara de objetivos, prazos falsos ou impossíveis de cumprir; falta de elogios a esforços criativos dos subordinados". Nas palavras da autora fica claro que, além de incentivar a contribuição, os esforços oriundos desta devem ser reconhecidos. Outra questão importante que podemos verificar é a importância das pessoas estarem nos lugares certos, ou seja, onde as atividades ali desempenhadas são afetas ao seu conhecimento e satisfação.

Reconhecimento

Enganam-se aqueles que acreditam que apenas um bom salário é a força motriz do indivíduo. Ser reconhecido por um bom trabalho, valorizado na empresa e respeitado por seu superior hierárquico e colegas de trabalho faz com que a pessoa se sinta feliz por pertencer àquela instituição e esta felicidade se reverterá em resultados duradouros e não apenas resultados momentâneos obtidos após o crescimento salarial.

Para CHIAVENATO (2003, p. 94), "à medida que o indivíduo passa a satisfazer e a controlar as suas necessidades fisiológicas e de segurança, surgem lenta e gradativamente as necessidades secundárias: sociais, de estima, e de autorrealização. Quando o indivíduo alcança a satisfação das necessidades sociais surgem as necessidades de estima e autorrealização. Os níveis mais elevados de necessidades somente surgem quando os níveis mais baixos são relativamente controlados e relativamente satisfeitos pelo indivíduo".

Outro fator intrinsecamente ligado ao reconhecimento é dar crédito. Ao desenvolver um projeto, uma ideia ou uma simples sugestão, todos querem ter seu nome gravado naquela iniciativa. Ao tolher essa expectativa pode-se estar silenciando o idealizador em novos *insights* ou até perder o talento para um concorrente, dependendo do nível de frustração gerado. Por mais simples que a contribuição seja, lembrar e citar o autor o incentiva a novas contribuições, além de lhe transmitir a sensação de ser uma peça importante na organização.

Quando se apropria de uma ideia, o líder, além de perder o liderado que a concebeu, perde a credibilidade perante sua equipe. Uma simples atitude de vaidade pode sobrepor inúmeras competências desenvolvidas pelo profissional ao longo dos anos. Entender que a vaidade de um líder deve advir das conquistas da equipe como um todo é uma demonstração clara de maturidade, respeito e humildade, qualidades essas essenciais para aglutinação de pessoas.

Coerência

Antes de liderar é preciso conhecer a si mesmo, entender seus limites, pontos fortes e pontos fracos. Por exemplo: um líder que é consciente de sua dificuldade em delegar vai definir e conhecer previamente suas atividades, para, assim, delegar ações que possam ser exercidas por seus colaboradores.

Além do autoconhecimento, deve-se alinhar seu discurso com suas atitudes. Um exemplo consegue transmitir uma mensagem poderosa.

A história a seguir elucida como um líder coerente consegue inspirar pessoas:

Certa vez em uma base militar a tropa estava a postos para desfilar para seus oficiais superiores, era uma sexta-feira de manhã, quase todos os oficiais estavam na pérgula (estrutura circular coberta para abrigar autori-

dades que assistem ao desfile) menos o coronel comandante daquela base. Este coronel nunca se atrasava, porém, justamente naquele dia teve um contratempo e uma chuva torrencial começou a cair. Como a tropa estava em forma ela assim ficou, pois não ouve voz de comando para desfazer a formação. Após alguns minutos o coronel surge caminhando no destino que o levava à pérgula, a tropa claramente demonstrou alívio com sua chegada e os oficiais superiores o aguardavam no conforto do espaço coberto. Porém, para surpresa de todos, ele passou pela pérgula e seguiu se posicionando na chuva na frente dos militares em formação, uma sensação de apreensão pairou no ar, todos aguardavam sua voz de comando para começarem o desfile, nesse momento ele olha para trás e pergunta a seus oficiais superiores: "O que vocês estão esperando para se juntarem a nós na chuva?" Tão logo todos estavam posicionados ao lado do coronel este deu a voz de comando "MARCHE", naquele momento a tropa, mesmo com fardamento molhado, asfalto encharcado, rompeu em marcha com enorme vibração como nunca havia feito, pois a atitude de seu coronel conquistou a admiração de sua tropa, respeito e orgulho.

Após o relato acima proponho os seguintes questionamentos para reflexão: este seria um líder a ser seguido? O exemplo dado refletiu positivamente em seus liderados?

Carisma

Para House (1977), o termo Liderança Carismática é utilizado para definir qualquer líder que tenha os efeitos carismáticos em um grau excepcionalmente alto.

Um líder carismático tem ótima oratória, é persuasivo, possui enorme capacidade de aglutinação e aceitação, assim, acaba sendo colocado em um pedestal por seu grupo e desta forma suas falhas tendem a passar despercebidas. Por ter uma natureza autoconfiante, gera altas expectativas em sua equipe e, consequentemente, resultados acima da média.

Segundo Conger e Kanungo (1988, apud ROBBINS 2006 p. 282), a teoria da liderança carismática diz que os seguidores do líder atribuem a ele capacidades heroicas ou extraordinárias de liderança.

Um líder carismático consegue extrair o máximo de seus liderados, sendo que estes o fazem com prazer, pois entendem apoiar um ser superior, seu magnetismo faz com que as pessoas acreditem que ele é o modelo em quem se espelhar e que as inspira.

Vamos nos valer de Ayrton Senna para exemplificarmos um líder carismático. Ayrton transcendeu a figura do esportista fora de série para se tornar um herói nacional, ele conseguiu este feito não apenas por seus resultados incríveis e incontestáveis, mas também por seu enorme carisma. Ayrton com suas vitórias conseguia trazer esperança e orgulho ao seu país, sua figura com a bandeira no pódio fazia com que cada brasileiro se sentisse também vitorioso. Tivemos a real noção do que a figura de Ayrton significava ao país no dia de sua morte, foi como se o país todo estivesse abraçado em silêncio, resignado pelo choque da perda que acabara de sofrer. Difícil lembrar um fato em nossa história recente que tenha unificado o país de forma tão contundente.

Generosidade

Compartilhar conhecimento no ambiente de trabalho para a maioria é um processo doloroso, mas aqueles líderes que compreendem que não há risco e sim ganhos saem na frente. Quando compartilhamos nosso conhecimento adquirido, além de contribuirmos com o resultado da equipe, geramos empatia. Os líderes generosos compartilham, delegam e confiam. Agindo assim, agregam pessoas, valores e multiplicam resultados.

Inadmissível ver ótimas ideias serem esquecidas pelo simples medo de se compartilhar. Generoso é aquele que não só compartilha suas ideias, mas também permite que os demais o façam.

Segundo Da Matta (2013), a arte de ouvir significa ter tolerância com o outro, e não apenas escutar quem está ao lado ou acompanhar o raciocínio de alguém, para ser generoso é preciso perceber, compreender e, principalmente, respeitar opiniões divergentes.

Um líder generoso pode ser mal interpretado, muitos podem confundir a generosidade com amizade e querer tirar proveito disso. Nessa hora será preciso muita transparência e assertividade nas colocações, deve-se deixar claro que o intuito é criar uma relação construtiva visando a melhoria de todos, inclusive com aprendizado para ambas as partes.

Concluímos que liderar não é apenas conduzir pessoas, liderar é contribuir, receber, orientar, dar a direção com humildade e sabedoria, considerando sempre o bem da organização e como consequência o bem de todos que dela subsistem. O verdadeiro líder é aquele que se alegra com a vitória de seus liderados e se envaidece quando o aprendiz supera o mestre.

Top 10

1. Gere expectativas que tenha certeza que consegue atender;

2. Seja um instrumento de transformação positiva na vida de seus comandados;

3. Entenda que suas atitudes no trabalho refletem diretamente na vida profissional e pessoal de sua equipe;

4. Sorria! Sua energia positiva irradia nos demais;

5. Aja de forma coerente, suas atitudes valem muito mais que palavras;

6. Veja os integrantes de sua equipe como colaboradores, nunca como concorrentes;

7. Reconheça as habilidades individuais de cada um, elogios são sempre bem-vindos;

8. Dê crédito: adote aquele velho ditado: "A César o que é de César";

9. Não corrija somente, oriente. Tenha uma postura construtiva e conquistará o respeito de todos;

10. Humildade: quando precisar de auxílio peça. Não é demérito e sim uma qualidade aceitar ajuda de um subordinado.

REFERÊNCIAS BIBLIOGRÁFICAS

AMABILE, T. Como (não) matar a criatividade. HSM Management, p. 110- 115, jan./fev. 1999.

CHIAVENATO, Idalberto. Administração de Recursos Humanos, 5ª ed. São Paulo: Atlas, 2003.

CHIAVENATO, Idalberto. Gestão de Pessoas: o novo papel dos recursos humanos nas organizações. Rio de Janeiro: Campos, 1999.

CONGER, J.A.; KANUNGO, R.N. e associados. Charismatic Leadership. São Francisco: Jossey-Bass, 1988, p.79.

DA MATTA, Villela. A Arte de Saber Ouvir. Sociedade Brasileira de Coaching. Dezembro/2013. Disponível em: <http://www.sbcoaching.com.br/blog/comportamento/arte-de-saber-ouvir/>. Acesso em 22 de abril de 2016.

HOUSE, R. J. (1977). A 1976 theory of charismatic leadership. In J. G. Hunt & L. L. Larson (Eds.), Leadership: The cutting edge. Carbondale: Southern Illinois University Press.

IUDÍCIBUS, S. Teoria da contabilidade. 5ª ed. São Paulo: Atlas, 1997.

MATOS, F. G.; CHIAVENATO, Idalberto. Visão e Ação Estratégica. São Paulo: Makron Books, 1999.

MAXIMINIANO, A.C.A. Teoria geral da administração – Da Escola Científica à Competitividade na Economia Globalizada. São Paulo: Atlas, 2000.

ROBBINS, Stephen P. Comportamento organizacional, 11ª ed. São Paulo: Pearson Prentice Hall, 2006.

STONER, James A. F. FREEMAN, R. Edward. Administração. 5ª ed. Rio de Janeiro: LTC, 2009.

VERGARA, Sylvia Constant. Gestão de Pessoas. 2º ed. São Paulo: Atlas, 2000. 171 p.

Prezado leitor,

Você é a razão de esta obra existir, nada mais importante que sua opinião.

Conto com sua contribuição para melhorar ainda mais nossos livros.

Ao final da leitura acesse uma de nossas mídias sociais e deixe suas sugestões, críticas ou elogios.

WhatsApp: (11) 95967-9456
Facebook: Editora Leader
Instagram: editoraleader
Twitter: @EditoraLeader

Editora Leader.

Você acaba de adquirir um produto que possui o selo IEVA de reponsabilidade socioambiental. Este selo certifica que parte dos recursos arrecadados com a venda deste livro são destinados a projetos socioambientais, desenvolvidos em comunidade de baixa renda, pelo Instituto Eventos Ambientais – IEVA, contribuindo assim para a geração de trabalho, renda e para a formação de agentes ambientais, artesãos e micro empreendedores individuais. Colaborando para um mundo melhor, com iniciativas verdes de economia criativa e solidária.

www.ieva.org.br
contato@ieva.rg.br
(21) 2215-3671